CW01656097

NASIL PARA OLUNUR

ÇALIŞMA KİTABI

ACCESS CONSCIOUSNESS®

"Hayatın Tümü Bize Kolaylık, Neşe ve İhtişamla Gelir!™"

Gary M. Douglas ile

BİLİNCE ERİŞİM®

Nasıl Para Olunur
Copyright© 2015 Gary M. Douglas
ISBN: 978-605-83675-2-4

Bu kitabın tüm hakları saklıdır. Bu yayının hiçbir parçası yayınevinin yazılı ön izni olmaksızın, elektronik, mekanik, fotokopi, kayıt sistemleri aracılığıyla veya herhangi başka bir şekilde kopyalanamaz, yeniden yayınlanamaz, çoğaltılamaz, tekrarlama sistemleri içinde saklanamaz ya da iletilemez.

Kitabın yazarı ve yayıncısı herhangi bir fiziksel, zihinsel, duygusal, spiritüel veya mali sonucu garanti yada iddia etmemektedirler. Yazar tarafından sunulan tüm ürünler, hizmetler ve bilgiler sadece genel eğitim ve eğlence amaçlı olarak sağlanmışlardır. Burada sunulan bilgiler hiçbir şekilde tıbbi ve diğer profesyonel tavsiyelerin yerine konulamaz. Bu kitabın içindeki bilgileri kendiniz için kullanmanız durumunda: yazar ve yayınevi sizin aksiyonlarınızdan doğacak hiçbir sonuç ile ilgili sorumlu tutulamazlar.

2. Baskı

Canan Ilgaz Bekdik
Bilince Erişim Kişisel Gelişim Danışmanlığı
Tarafından Yayınlanmıştır.
Sertifika No: 29463
www.bilinceerisim.com

Baskı: MD BASIM
Seyrantepe Mah. İ. Karaoğlanoğlu Cad.
No: 105 / 1236 Kağıthane / İstanbul
0212 283 10 15
Sertifika No: 41746

İÇİNDEKİLER

Giriş

Access Consciousness® 'ın kurucusu Gary Douglas bu bilginin orijinalini Raz adlı bir varlıktan kanallık yoluyla almıştır. Gary artık kanallık yapmıyor. Bu döküman canlı bir seminerin yazıya geçirilmiş halidir.

Access, bildiğiniz şeyleri bilmeniz için sizi güçlendirmek ile ilgilidir. Access farkındalık ile ilgilidir. Kendiniz için neyin doğru olduğunu bilen sizsiniz.

Lütfen bu kitabı para hakkında yaratmış olduğunuz çılgın ve sınırlı bakış açılarını temizlemek ve hayatınızda daha fazla kolaylıkla yaratmak ve çok fazla para ve gelir akışı ile yaşamak için bir araç olarak kullanın.

Access Consciousness® ile ilgili daha fazla bilgi, daha fazla ürünler ve hayatın tüm konuları ile ilgili seminerler - iş hayatı, para, seks, sihir, bedenler - için websitemizi ziyaret edin. HAYATINIZI yaratmak, oluşturmak ve şimdiye dek mümkün olduğunu algıladığınızdan çok daha fazlasını yaşamak için ne gerekiyorsa yapın ve olun!

www.accessconsciousness.com

GARY DOUGLAS'IN RAZ ADI VERİLEN BİR VARLIĞA KANALLIK YAPTIĞI CANLI SEMİNERİN YAZILI NOTLARI

Gary: Para üzerine olan bu workshop benim için yeni bir deneyim olacak. Sizin için nasıl olacağını bilmiyorum. Raz'ın bana verdiği bilgiye göre, gerçekleşecek olan bir çok şey olacak. Bir kez daha sizden öne çıkıp buradaki diğer insanlar için ayna olmaya gönüllü olmanızı isteyecek. Bu nedenle, eğer bununla bir probleminiz varsa, sizi görememesi için etrafınıza bir battaniye koyun, aksi taktirde sizden öne çıkmanızı isteyecektir. Ve burada olan biten hiç bir şeyden utanmayın, çünkü gerçek şu ki burada sizin sahip olduğunuz aynı probleme şu veya bu şekilde sahip olmayan hiç kimse yoktur. Bir milyon dolarınızın veya elli sentinizin olması fark etmez, para sorunları herkes için zor meseledirler. Tamam mı? İşte başlıyoruz.

Çalışma Kitabı Soruları

Bu akşam nasıl para OLUNACAĞI hakkında konuşacağız. Siz enerjisiniz, olacağınız şey enerjidir, olmuş olduğunuz şey enerjidir. Para enerjidir.

Bu akşam sizlere soracağımız sorulara yanıt verirken, etrafınızdaki insanlar ile ilgili olmayan, kendiniz ile ilgili olan yanıtlarınızın dürüstlüğünün farkındalığında olun. Para hakkında yaratmış olduğunuz her bakış açısı onlardan alıp kabul ettiğiniz sınırlamalar ve parametreler yaratır.

Yarattığınız her şeyi, başkaları yaratır. Kendinize karşı tamamen dürüst olun, aksi taktirde sadece kendinizi kandırırsınız; başka herkes sırlarınız her neyse onları bilecektir.

Şu anda ilgilendiğimiz konunun hafif olarak düşünülen bir konu olmadığını, ama öyle olması gerektiğini hatırlamanızı istiyoruz. Olduğunuz aydınlanmış varlıklar olmaya hazırlanın.

Eğer gerçekten bunda sonuçlar almayı arzu ediyorsanız, sonraki bölüme geçmeden önce bu bölümdeki tüm bu soruları yanıtlamanız en iyisidir.

Rasputin: Merhaba
Öğrenciler: İyi akşamlar, Rasputin.
R: Nasılsınız? Bu akşam, hepinizin kalpleri için çok değerli olan şeyden söz edeceğiz, ki bu paradır. Ve her biriniz için para sorun olduğunu düşündüğünüz sorun değildir. Andan ana bir durum olarak değil de, olduğunuz benliğin gerçeği olan bolluğa izin vererek parayı nasıl ele alacağınızı öğrenmenize yardımcı olmak için sizinle çalışacağız.

Öyleyse, başlıyoruz. Size soruyu soruyorum: Para nedir? Paranın sizin için ne olduğu ile ilgili üç tane yanıt yazın. Şimdi, paranın ne olması gerektiğini yazmayın, 'doğru' yanıtı yazmayın, çünkü doğru yanıt diye bir şey yoktur. Beyinlerinizin akıp gitmesine ve oturduğunuz yerdeki gerçeğin yanıtınız olmasına izin verin ve yanıtı sayfaya yazın. Paranın sizin için ne olduğu ile ilgili üç şey.

SORU 1: Para Nedir?

Yanıt 1:

____

____

____

Yanıt 2:

____

____

____

Yanıt 3:

____

____

____

Herkes hazır mı? İkinci soru: Para sizin için ne anlam ifade ediyor? Üç yanıt yazın.

SORU 2: Para sizin için ne anlam ifade ediyor?

Yanıt 1:

Yanıt 2:

Yanıt 3:

Üçüncü soru: Parayı düşündüğünüz zaman sahip olduğunuz üç duygu nedir?

SORU 3: Parayı düşündüğünüz zaman sahip olduğunuz üç duygu nedir?

Yanıt 1:

Yanıt 2:

Yanıt 3:

Şimdi sonraki soru, dördüncü soru: Para sizde nasıl bir his uyandırıyor ? Üç yanıt.

SORU 4: Para sizde nasıl bir his uyandırıyor?

Yanıt 1:

____

____

____

____

____

Yanıt 2:

____

____

____

____

____

Yanıt 3:

____

____

____

____

____

Sonraki soru: Para size nasıl görünüyor?

SORU 5: Para size nasıl görünüyor?

Yanıt 1:

Yanıt 2:

Yanıt 3:

Herkes hazır mı? Sonraki soru: Paranın tadı sizin için nasıl? Onu ağzınızda hissedin. Tadı nasıl hissettiriyor? Birçoğunuz çocukluğunuzdan bu yana parayı ağzınıza koymadınız, bu nedenle bunu bir referans noktası olarak kullanabilirsiniz.

SORU 6: Paranın tadı sizin için nasıl?

Yanıt 1:

____

____

____

____

____

Yanıt 2:

____

____

____

____

____

Yanıt 3:

____

____

____

____

____

Sonraki soru, herkes hazır mı? Şimdiki soru şu: Paranın size doğru geldiğini gördüğünüz zaman, hangi yönden geldiğini hissediyorsunuz? Sağdan, soldan, arkadan, önden, yukardan, aşağıdan, her taraftan? Paranın ne taraftan geldiğini görüyorsunuz?

SORU 7: Paranın size doğru geldiğini gördüğünüz zaman, hangi yönden geldiğini hissediyorsunuz?

Yanıt 1:

____

____

____

____

____

Yanıt 2:

____

____

____

____

____

Yanıt 3:

____

____

____

____

____

Pekala, sonraki soru: Parayla ilişkide, ihtiyacınız olandan daha fazla paraya mı sahip olduğunuzu hissediyorsunuz yoksa ihtiyacınızdan daha azına mı sahip olduğunuzu hissediyorsunuz?

SORU 8: Parayla ilişkili olarak, ihtiyacınız olandan daha fazla paraya mı sahip olduğunuzu hissediyorsunuz yoksa ihtiyacınızdan daha azına mı sahip olduğunuzu hissediyorsunuz?

Yanıt 1:

____

____

____

____

____

Yanıt 2:

____

____

____

____

____

Yanıt 3:

____

____

____

____

____

Sonraki: Parayla ilişkili olarak, gözlerinizi kapattığınız zaman, para hangi renkte ve kaç tane boyuta sahip?

SORU 9: Parayla ilişkili olarak, gözlerinizi kapattığınız zaman, para hangi renkte ve kaç tane boyuta sahip?

Yanıt 1:

____

____

____

____

____

Yanıt 2:

____

____

____

____

____

Yanıt 3:

____

____

____

____

____

SORU 10: Parayla ilişkili olarak, hangisi daha kolay, paranın gelmesi mi yoksa sizden gitmesi mi?

Yanıt 1:

Yanıt 2:

Yanıt 3:

Sonraki soru: Para ile sahip olduğunuz en kötü üç problem nedir?

SORU 11: Para ile sahip olduğunuz en kötü üç problem nedir?

Yanıt 1:

____

____

____

____

____

Yanıt 2:

____

____

____

____

____

Yanıt 3:

____

____

____

____

____

Sonraki soru: Hangisine daha çok sahipsiniz, para mı borç mu?

SORU 12: Hangisine daha çok sahipsiniz, para mı borç mu?

Yanıt:

Bir soru daha vereceğiz: Parayla ilintili olarak, hayatınızda para bolluğuna sahip olmak için, şu andaki finansal durumunuza hangi üç şey çözüm olurdu?

SORU 13: Parayla ilintili olarak, hayatınızda para bolluğuna sahip olmak için, şu andaki finansal durumunuza hangi üç şey çözüm olurdu?

Yanıt 1:

____

____

____

____

____

Yanıt 2:

____

____

____

____

____

Yanıt 3:

____

____

____

____

____

Pekala, herkes yanıtları yazdı mı? Yanıtlamayan var mı? Pekala, şimdi, sayfanızın en başına gidin, soruları okuyun ve yanıtlarınızda tamamen dürüst olup olmadığınızı ve sayfanızda olmasını istediğiniz yanıtların bunlar olup olmadığını kendinize sorun. Eğer değilse, onları değiştirin.

Yanıtlarınıza bakın ve bunları kendinize karşı tamamen dürüstçe yazıp yazmadığınıza karar verin. Doğru yanıtlar yoktur, yanlış yanıtlar yoktur, sadece bakış açıları vardır; tek var olan, bakış açılarıdır. Ve bunlar hayatınızı onlarla yarattığınız sınırlamalardır. Eğer kozmik doğru yanıt olan şeyden işliyorsanız, kendinize karşı samimi değilsiniz, çünkü samimi olsaydınız, hayatınız oldukça farklı olurdu.

Para nedir? Bazıları için para arabalardır, bazıları için evlerdir, bazıları için para güvenliktir, bazıları için enerji değiş tokuşudur. Fakat, para bu şeyler midir? Hayır, değildir, para enerjidir, aynen sizin enerji olduğunuz gibi enerjidir. Paraya verdiğiniz bakış açıları haricinde sizinle para arasında fark yoktur. Ve siz başkalarının bakış açılarını benimsemiş olduğunuz için; paraya o bakış açılarını veriyorsunuz.

Eğer finansal durumunuzu değiştirecekseniz, hayatınızda para olan şeyi değiştirecekseniz, o zaman her şeye izin vermeyi öğrenmelisiniz. Ama özellikle, size aktarılan bir bakış açısını işittiğiniz zaman, ona bakmalısınız ve onun sizin için doğru olup olmadığını görmelisiniz. Sizin için doğru ise, ona uyumlanırsınız veya aynı fikirde olursunuz ve onu katı hale getirirsiniz. Eğer sizin için doğru değilse, ya ona direnir veya tepki verirsiniz ve onu katı hale getirirsiniz. Kendi bakış açılarınızı bile kabullenmeye gereksiniminiz yoktur, bunlar sadece ilginç bakış açılarıdır.

Olduğunuz şeyi, sahip olacağınız şeyi OLMALIsınız. Sizde, içinizde olmayan bir şeye hiç sahip olamazsınız. Eğer parayı kendinizin dışında olan bir şey olarak görürseniz, ona sahip olamazsınız. Eğer parayı varlığınızın dışındaki yerlerde görürseniz, ona hiç sahip olamazsınız ve sizin bakış açınızdan asla yeterince para olamayacaktır.

$$$$$$$$$$$$$$$$$

1. BÖLÜM

Para Nedir?

Rasputin: Tamam, herkes hazır mı? Herkes bitirdi mi? Hepiniz yanıtlarınızdan hoşnut musunuz? Tamam. Şimdi para hakkında konuşmaya başlıyoruz. Başlamak için, sayfanıza yazdığınız, para hakkındaki kendi bakış açılarınızın ne olduğu hakkında bir anlayışa sahipsiniz. Hayatınızı şu anda içinde bulunduğunuz finansal durum olarak görüyorsunuz, yaşamınızın finansal realite olarak şu anda sahip olduğunuz hayat olduğu bakış açısını benimsiyorsunuz. İlginç bakış açısı.

Şimdi, birçok kez yaptığımız gibi, bir kez daha izin vermek ve kabullenmek arasındaki farktan söz edeceğiz. İzin vermek: Siz akıntının ortasındaki kayasınız, eğer akıntının ortasındaki kaya iseniz ve izin verme halindeyseniz, düşünceler, fikirler, inançlar ve kararlar size gelir, etrafınızdan geçip gider ve devam ederler. Eğer kabullenme halindeyseniz, tüm fikirler, düşünceler, inançlar, kararlar size gelir ve siz akıntının bir parçası olursunuz ve akıntıyla birlikte sürüklenirsiniz.

Kabullenmenin üç bileşeni vardır: onu katı hale getiren uyumlanma ve aynı fikirde olma; onu katı hale getiren direnç; ve onu katı hale getiren tepki. Bu, gerçek hayatta nasıl görünür? Eğer arkadaşınız size, "Dünyada yeterince para yok" derse, eğer buna uyumlanır veya aynı fikirde olursanız "Evet, haklısın" dersiniz ve bunu onun hayatında ve kendi hayatınızda katı hale getirirsiniz. Eğer buna direnirseniz, "Bu adam benden para istiyor" diye düşünürseniz ve bunu onun hayatında ve kendi hayatınızda katı hale getirirsiniz. Eğer buna tepki gösterirseniz "Hayatımda bolca paraya sahibim, sende neyin yanlış olduğunu bilmiyorum" derseniz veya "Benim için bu şekilde olmayacak" derseniz, onu benimsersiniz, onun için ödeme yapmak zorunda olursunuz ve onu bir çantada evinize götürürsünüz ve kendiniz için katı hale getirirsiniz.

Eğer arkadaşınız size "Dünyada yeterince para yok" derse, bu sadece ilginç bir bakış açısıdır. Para hakkında bilgi duyduğunuz her seferinde, hemen bunun sadece ilginç bir bakış açısı olduğunu kabul etmelisiniz; bunun sizin realiteniz olması gerekmez, gerçekleşen şeyin bu olması gerekmez. Eğer borç almanın geri ödemekten daha kolay olduğunu düşünürseniz, bunu katı hale getirirsiniz ve sürekli borç yaratırsınız. Bu sadece ilginç bir bakış açısıdır.

Para nedir? Pekala, bazılarınız paranın altın olduğunu düşünüyorsunuz, bazılarınız paranın arabalar olduğunu, bazılarınız evler olduğunu düşünüyorsunuz, bazılarınız paranın enerji değiş tokuşu olduğunu düşünüyorsunuz, bazılarınız paranın bir değişim aracı olduğunu düşünüyorsunuz. Bu bakış açılarının her birinin bir katılık olduğuna dikkat edin. Para sadece enerjidir. Dünyada enerji olmayan hiç bir şey yoktur.

Eğer hayatlarınıza bakarsanız ve yeterince paranız olmadığını düşünürseniz, gerçekten sizin etrafınızda olan, size yardım eden meleklere ilave paraya gereksiniminizin olmadığını, enerjiye gereksiniminiz olmadığını söylersiniz. Gerçekte, gereksiniminiz yok, siz enerjisiniz ve enerjinin sınırlı stoğuna sahip değilsiniz. Hayatınızda arzuladığınız her şeyi yapmak için yeterinden fazla enerjiye sahipsiniz, ama kendinizi para olarak, enerji olarak, güç olarak yaratmayı seçmiyorsunuz.

Güç sizin için nedir? Bir çoğunuz için güç başkasını ezmek ile ilgilidir veya başkasını kontrol etmek ile ilgilidir ya da hayatınızı kontrol etmek veya hayatınıza kontroller koymak, veya finansal kaderinizi kontrol etmek ile ilgilidir. İlginç bakış açısı değil mi?

Finansal kader, bu nedir? Bu tuhaf bir programdır, olduğu şey sadece bir kader programı olmaktır. "Finansal özgürlük programına sahip olmak zorundayım" dediğiniz her seferinde, kendinize kişisel olarak hiç bir özgürlüğünüz olmadığını söylüyorsunuz. Ve bu nedenle de, seçimlerinizi ve deneyimlediğiniz şeyleri bütünüyle sınırladınız.

Şu anda hepinizin gözlerinizi kapatmanızı ve önünüzden enerji çekmeye başlamanızı istiyoruz, bedeninizin her gözeneğine enerji çekin. Onu nefesinizle içinize çekmeyin, sadece içinize çekin. Güzel ve şimdi enerjiyi arkanızdan, her yerden çekin. Ve şimdi enerjiyi yan taraflarınızdan çekin ve şimdi altınızdan çekin. Enerjiyi çektiğiniz zaman sizin için bol bol enerji olduğunu farkedin. Şimdi, bunu paraya çevirin. Birçoğunuzun bunu aniden nasıl çok yoğun hale getirdiğini farkedin. Artık bu içinize çektiğiniz enerji değil, bu önemli bir şey. Paranın önemli bir şey olduğu fikrini benimsediniz ve bundan dolayı bunu katı hale getirdiniz, bunun nasıl işlediği ile ilgili dünyanın kalanıyla aynı fikirde oldunuz. Dünya para üzerinden işlemez, enerji üzerinden işler . Dünya enerjinin madeni parasıyla ödeme yapar ve eğer siz parayı enerji olarak alıp verirseniz, bolluğa sahip olursunuz.

Ama çoğunuz için, enerjinin içeri akışı kategoridir, fikirdir. Enerjiyi tekrar bedeninizin bütününe çekin, enerjiyi çekin, onu çekin. Onu tutabilir misiniz? Enerji birikiyormuş ve giderek artıyormuş gibi mi görülüyor? Para sizde duruyor mu? Hayır, siz enerjisiniz ve dikkatinizi odakladığınız yön ile enerjiyi yaratırsınız. Bu para konusunda da aynen geçerlidir.

Dünyadaki her şey enerjidir. Enerjiyi alamayacağınız hiç bir yer yoktur. Enerjiyi yerdeki köpek dışkısından , kardaki sidikten alabilirsiniz veya arabadan ya da taksi şoföründen enerjiyi hissedebilirsiniz. Hepiniz enerjiyi topluyor musunuz? Enerjiyi her yerden alırsınız. Şimdi, taksi şoförünü alın ve çok fazla miktarda para akışını önünüzden taksi şoförüne doğru akıtın, herhangi bir taksi şoförü olabilir. Onu dışarı akıtın, daha fazla, daha fazla, daha fazla, daha fazla, daha fazla. Şimdi, arkanızdan çekilen enerjiyi hissedin. Arkanızdan gelen enerji miktarını sınırlıyor musunuz?

Para nereden gelir? Eğer paranın sağ veya sol taraftan geldiğini görüyorsanız, hayatınızın çalışmak ile ilgili olduğunu görüyorsunuz, çünkü bu para elde edebileceğiniz tek yoldur. Eğer paranın ön tarafınızdan geldiğini görüyorsanız, paranın geleceğe ait olduğunu görüyorsunuz. Ve eğer arkanızdan geldiğini görüyorsanız, paranın geçmişten geldiğini görüyorsunuz. Burası paraya sahip olduğunuz tek yerdi. Hayatınız, "Param vardı, şimdi hiç param yok, bu nedenle çok acınacak haldeyim" gibi özetlenebilir. Bu realite değildir, bu sadece ilginç bir bakış açısıdır.

Şimdi, para akıttığınız zaman, bunu kalp çakranızdan mı, kök çakranızdan mı yoksa taç çakranızdan mı akıtıyorsunuz, onu nereden akıtıyorsunuz? Parayı her yerden, varlığınızın bütünlüğünden akıtırsınız ve sonra varlığınızın bütünlüğünden içinize akar.

Eğer paranın başınızın üzerinden geldiğini görüyorsanız, ruhun size para sağladığını düşünüyorsunuz. Ruh size enerji sağlar, yaratmaya karar verdiğiniz herhangi bir şeyi yaratmak için enerji sağlar. Para yaratmak için ne yaparsınız? Her şeyden önce, güç olmalısınız. Güç başka birinin üzerinde oturmak değildir, güç kontrol etmek değildir, güç enerjidir. Sınırsız, genişleyici, büyüyen, muhteşem, ihtişamlı, şahane, taşkın ve hızlı enerji. O her yerdedir. Enerjide benliğin azalması yoktur, güçte benliğin azalması yoktur ve başkasının azalması yoktur. Güç olduğunuz zaman, bütünlüğünüzde olursunuz - benlik! Ve benliğiniz olduğunuz zaman, enerji olursunuz ve enerji olarak, her şey sizinle bağlantıdadır, bu sınırsız para stoklarının da sizinle bağlantılı olduğu anlamına gelir.

Şimdi, güç olacaksınız ve güç olmak için sabahları on kez "Ben gücüm" deyin. Ve akşamları on kez "Ben gücüm" deyin. Başka ne olmalısınız? Yaratıcılık. "Ben yaratıcılığım" Yaratıcılık nedir? Yaratıcılık, hayatınızın ve özünüz olarak, enerjinin ruhu olarak yapmayı arzu ettiğiniz çalışmanın vizyonudur. Yaptığınız her şeyi yaratıcılık ile yapın, ister yerleri süpürün, ister tuvaletleri temizleyin, pencereleri silin, bulaşıkları yıkayın, yemek pişirin, çek yazın, bunları enerjiye eşit olan güce bağlı yaratıcılık ile yaptığınızda , bu enerjiye denk gelir ve para ile sonuçlanır, çünkü o zaman bunların hepsi aynıdır.

Sahip olmanız gereken sonraki unsur farkındalıktır. Farkındalık nedir? Farkındalık düşündüğünüz her şeyin, her şeyin yaratıldığını bilmektir. Düşündüğünüz her şey tezahür eder. Bu sadece düşünceleriniz sayesinde hayatınızın nasıl ortaya çıktığıdır.

Eğer nereye gideceğinizin ve ne yapacağınızın yaratıcı imgesine sahip olursanız ve buna onun olmuş bitmiş olduğunun farkındalığını eklerseniz, o tezahür eder. Ama sizin bu planda yaptığınız şey, zaman unsurunu eklersiniz - zaman! Zaman sizin katilinizdir, çünkü eğer yarın bir milyon dolar tezahür ettirmezseniz, bu akşam bu kursu tamamladıktan sonra bunun değersiz bir seminer olduğuna karar verirsiniz ve öğrendiğiniz her şeyi unutursunuz.

Zamanı nasıl saf dışı edersiniz? Kontrol olarak. "Ben kontrolüm"

"Ben kontrolüm" ne anlama geliyor? "Ben kontrolüm" doğru zamanda, doğru şekilde, yolunuzu tanımlamadan, yaratıcılık olarak tasavvur ettiğiniz, tamamlanma olarak farkında olduğunuz, onun gücü, onun enerjisi olarak bağlantı kurduğunuz, kendi zamanında, kendi çerçevesinde halledildiğinin anlayışıdır. Ve eğer bu dört bileşeni bir araya getirirseniz ve evrenin bunun her unsurunu ayarlamasına, köleniz olması için dünyaya ince ayar yapmasına izin verirseniz, arzu ettiğiniz şeyi tam olarak tezahür ettirirsiniz.

Bir dakikalığına arzudan söz edelim. Arzu bir duygudur, bu duyguyla yaratmaya karar verirsiniz. Bu gerçek midir? Hayır, bu sadece ilginç bir bakış açısıdır. Eğer elbiseler arzu ederseniz, bunun bir nedeni olduğu için mi arzu edersiniz yoksa üşüdüğünüz için mi yoksa çok ısındığınız için mi ya da ayakkabılarınız eskiyip yırtıldığı için mi? Hayır, bu nedenle arzu etmiyorsunuz, başka birçok nedenle arzu ediyorsunuz. Çünkü birileri size o renk elbise içinde iyi göründüğünüzü söyledi veya birileri sizi hep aynı elbiseyle gördüler veya çünkü birileri .... düşünüyor (Kahkaha). Evet, sonunda burada biraz hafiflemenizden memnunuz. (Kahkaha).

Pekala, arzu; realite olan ısrarınıza duygusal ihtiyaç akıttığınız yerdir. Bir varlık olarak siz, enerji olarak siz, güç olarak siz, yaratıcılık, farkındalık olarak siz ve kontrol olarak siz hiç arzuya sahip değilsiniz, hiç, arzusuzsunuz. Ne deneyimlediğinizi umursamazsınız, sadece deneyimlemeyi seçersiniz. Ama, seçmediğiniz şey bu planda kolaylık, rahatlıktır, kolaylığı seçmiyorsunuz, çünkü bu sizin güçlü olmak zorunda olduğunuz anlamına geliyor, çünkü bu dünyada barış, huzur, dinginlik, neşe, kahkaha ve ihtişam tezahür ettirmek zorunda olduğunuz anlamına geliyor. Sadece kendiniz için değil, başka herkes için.

Benliğin azaltılmasından seçiyorsunuz. Eğer gerçekte olduğunuz güç olursanız, sizden istenen şey neşe, kolaylık ve ihtişam içinde yaşamanızdır.

İhtişam yaşamın ve her şeyde bolluğun bereketli ifadesidir.

Her şeyde bolluk nedir? Her şeyde bolluk sizin bu düzlemdeki her bir varlığa, bu plandaki her bir moleküle bağlı olduğunuzun ve bunların her birinin sizi ve olduğunuz enerjiyi ve gücü desteklediği anlayışı ve realitesidir. Eğer bundan daha azı olan bir şey olarak işliyorsanız, siz sadece bir pısırık oluyorsunuz.

Finansal güvensizliğin zayıflatması olan bu noktadan, kendinizi küçük, aciz ve hatta bundan fazlası isteksiz olarak yaratıyorsunuz. Gerçekte kim olduğunuzun meydan okumasını kabullenmeye isteksizlik, çünkü siz güçsünüz, kontrolsünüz, siz farkındalıksınız ve yaratıcılıksınız. Ve bu dört unsur sizin bolluğunuzu yaratır. Bu nedenle, bunlar olun, bunları hayatınızın kalanı boyunca veya kendiniz bunlar olabilinceye kadar her gün kullanın. Ve buna bir unsur daha ekleyebilirsiniz ve "Ben parayım, ben parayım" diyebilirsiniz. Pekala, öyleyse şimdi sizden bizimle birlikte söylemenizi, bizi takip etmenizi isteyeceğiz ve bazı "Ben .... im"ler söyleyeceğiz. Başlıyoruz:

Ben gücüm, Ben farkındalığım, Ben kontrolüm, Ben yaratıcılığım, Ben parayım, Ben kontrolüm, Ben gücüm, Ben farkındalığım, Ben yaratıcılığım, Ben gücüm, Ben farkındalığım, Ben kontrolüm, Ben yaratıcılığım, Ben parayım, Ben farkındalığım, Ben gücüm, Ben kontrolüm, Ben farkındalığım, Ben gücüm, Ben kontrolüm, Ben parayım, Ben yaratıcılığım, Ben neşeyim.

Şimdi, enerjinizi hissedin ve hissettiğiniz enerjinizin genişlediğini hissedin. Bu sizin gerçeğinizdir ve para akışı yarattığınız yer burasıdır. Her birinizin eğilimi kendinizi bedeniniz olarak adlandırdığınız küçük araziye çekmek ve düşünmektir. Düşünmeyi bırakın, beyin sizin için yararsız bir alettir, o beyni fırlatıp atın ve benliğinizin gerçeği, gücünüz, genişlemeniz olarak işlemeye başlayın. Bütünlükte olun. Şimdi, her biriniz kendinizi finansal dünyaya çekin. İyi hissettiriyor mu?

Öğrenci: Hayır.
R: Tamam, madem öyle nasıl oluyor da orada yaşamayı seçiyorsun? Hangi sınırlayıcı inançtan işliyorsun? Bunu yaz.

Hayatta finansal dünyanızı yaratan hangi sınırlayıcı inançtan işliyorsunuz?

Yanıt:
____
____
____
____
____

Şimdi, güç olarak genişlemiş kal ve içinde yaratmış olduğun o finansal dünyaya bak, realite olarak değil, işlediğin yer olarak bak. Bu şekilde işlemen için yerinde olması gereken hangi inanca sahip olmak zorundasın ? Bedenlerinizin içine geri çekilmeyin, geri çekildiğinizi hissediyoruz. O yere dokunun, onun içinde olmadan. Teşekkür ederim, oraya gidin. Oraya genişleyin, evet, bu şekilde. O yere doğru geri çekilmeyin. Bunu tekrar yapıyorsunuz, dışarı çıkın.

Ben gücüm, Ben farkındalığım, Ben kontrolüm, Ben yaratıcılığım, Ben parayım, Ben kontrolüm Ben yaratıcılığım Ben parayım Ben kontrolüm Ben yaratıcılığım, , , , , Ben parayım, Ben gücüm, Ben kontrolüm, Ben yaratıcılığım, Ben parayım, Ben farkındalığım, Ben farkındalığım, Ben farkındalığım,. İşte böyle teşekkür ederim.

Şimdi, bedenlerinizin dışındasınız. Kendinizi her zaman bedeninizin boyutuna küçültmeyi seçiyorsunuz, sonra alabileceğiniz şeyler hakkında bir sınırlama seçiyorsunuz, çünkü yalnızca bedeninizin para enerjisini aldığını düşünüyorsunuz, ki bu doğru değildir. Bu ondan işlediğiniz bir yalandır. Pekala, şimdi daha fazla genişlediniz mi? Pekala, şimdi buna bakmış olduğunuz için, herkes bir yanıt yazdı mı? Kimin bir yanıtı yok?

Ö: Benim yok.
R: Pekala. Bir yanıtın yok mu? Öyleyse bakalım. Finansal durumunun ne olduğunu düşünüyorsun? Bunu bedeninde hisset - nereye yerleşmiş?
Ö: Gözlerimde.
R: Gözlerin mi? Finansal durumun burada, bu nedenle yarattığın şeyi göremiyorsun ha?.
Ö: Evet
R: Farkındalık gözlerinde mi? Ah, ilginç, şimdi çıkmaya başlıyorsun, fark ediyor musun? Evet, dışarı çıkmaya başlıyorsun. İşlediğin sınırlayıcı inanç "Neler olacağını bilmek ve onu nasıl kontrol edeceğimi bilmek için öngörüye sahip değilim" Doğru mu?
Ö: Evet.
R: Güzel. Kendini bu inançtan nasıl kurtarırsın? Şimdi, hepiniz işlediğiniz inancınızı biliyorsunuz. Başka kimin yardıma, katkıya ihtiyacı var?
Ö: Benim var.
R: Evet? Finansal durumun nedir ve bunu bedeninin neresinde hissediyorsun?
Ö: Solar pleksusumda ve boğazımda.
R: Evet, pekala. Bu solar pleksus ve boğaz nedir? Bunun içine gir, bütünlüğünü hisset, onu hisset, orada, tam orda. Pekala, daha da ağırlaştığını farkediyorsun. Evet, var olan finansal durumunun daha da fazlası, maddi sıkıntıya girdiğin her seferinde tam olarak bu şekilde hissediyorsun, evet mi? Pekala, öyleyse şimdi bunu tersine çevir ve diğer yöne değiştir, diğer yöne gitsin. Orada, onu hissediyor musun? O şimdi değişiyor.
Ö: Hı hı.
R: Finansal görüşün şu; bir şeyleri gerçekleştirmek için kendi gerçeğini konuşma gücüne veya sesine sahip değilsin.
Ö: Evet.
R: Evet, tam olarak böyle. İyi. Görüyorsun. Şimdi her biriniz, yöntemi anlıyorsunuz, kendi bedenlerinizde, kendi dünyanızda yaratmış olduğunuz etkileri bu şekilde tersine çeviriyorsunuz. Bedeninizde finansal kısıtlamalar hissettiğiniz yerde, onları tersine çevirin ve sizden çıkıp gitmelerine ve sizin dışınızda olmasına izin verin,

içinizde olmasın. Sizin bir parçanız olmasın, o sadece ilginç bir bakış açısıdır aslında. Çünkü siz buradan bir bakış açısı edindiniz, onu görebiliyorsunuz. Ve bedeninizle sınırlanmış olarak bununla işlediğinizden, ruhunuzun sınırlamasını da yaratırsınız. Şimdi, kim sersemlemiş hissediyor? Herhangi biri var mı?

Ö: Ben.

R: Biraz sersemlemiş mi? Okey. Hafifçe sersemlemiş? Neden sersemledin? Burası para hakkındaki düşünceleri hissettiğin yer değil mi? Bunlar sizi silkeliyor ve bunlarla nasıl başa çıkacağınızı tam olarak bilmiyor musunuz?. Bu sersemliği başınızın dışına çıkarın. Ah, onu hissedin, onu hissedin. Şimdi siz genişlediniz. Artık onun başınızda kontrol edemediğiniz bir şey olmadığını görüyorsunuz. Kontrol dışında değil, o tam bir deli saçması! Sizi kontrol eden tek şey onunla işlediğiniz kırmızı ışıklar ve gitmenizi söyleyen yeşil ışıklardır ve bu, araba kullandığınız zamandır. Bedeninizde olduğunuz zaman neden o yeşil ışıkları ve kırmızı ışıkları izleyeceksiniz ki? Pavlov eğitimi mi? Bu nedenle, şimdi orijinal sorularınıza geri gitmenizi istiyoruz. İlk soru neydi?

Ö: Para nedir?

R: Para nedir? Para sizin için nedir? Yanıtlar.

Ö: İlk yanıtım güç idi. İkinci yanıtım hareket kabiliyeti (devingenlik, istediğin yere gidebilme) idi, üçüncüsü büyüme idi.

R: Güzel. Bunların hangisi doğru?

Ö: Güç.

R: Gerçekten mi?

Ö: Güç, bu tamamen doğru.

R: Bu gerçekten doğru mu? Paranın güç olduğunu mu düşünüyorsun? Paran var mı?

Ö: Hayır.

R: Öyleyse, gücün de yok.

Ö: Doğru.

R: Bu şekilde mi hissediyorsun? Güçsüz? Bu güçsüzlüğü nerede hissediyorsun?

Ö: Bunu bu şekilde söylediğin zaman, onu tam solar pleksusumda hissediyorum.

R: Evet, öyleyse ne yapacaksın? Onu tersine çevir.

Ö: Ama biliyorsun, parayı hissettiğim zaman, onu kalbimde hissettim ve bir şey yapmak zorunda olduğum zaman, hissettiğim yer......

R: Evet, çünkü bu güç ile ilgili, solar pleksusunda hissettiğin güç sorunu. Gücünü sattın ve onu uzaklaştırdın, bu akışı tersine çevirmelisin. Güç senindir, sen güçsün. Gücü yaratmazsın, sen osun. Hisset, orada mı? Onu tersine çevirdiğinde, tekrar genişlemeye başlarsın, kafanın içine girme, onun hakkında düşünme, onu hisset! Evet, orada, bu gücü dışarı ittin. Şimdi, bu ne anlama geliyor? Hepiniz için, gerçek şu ki güç olarak paraya sahip olduğunuz zaman ve onu içeri çektiğinizi hissettiğiniz zaman, güç yaratmaya çalışıyorsunuz ve hiç güce sahip olmadığınızı zaten varsaymış oldunuz, temel varsayım. Dikkatinize yapışıp kalmış olan herhangi bir şey ona bağlı olan bir yalan ile gerçeğe sahiptir.

Ö: Bunu tekrar söyler misin lütfen?

R: Güç ile ilgili dikkatinize yapışıp kalmış olan herhangi bir şey mi?

Ö: Evet.

R: Gücün size geldiğini hissettiğiniz zaman, zaten önceden hiç güce sahip olmadığınızı varsaymış oldunuz. Varsayım yaptınız. Bu sizin için ne yapar? Sizi küçültür, azaltır. Varsayımdan yaratmayın, paranın güç olduğu varsayımı - onu hissedin. Güç olarak para - bu bir katılık mı (katı bir şey mi) yoksa sadece ilginç bir bakış açısı mı? Siz bunu bu hale getirdiniz, eğer para güç ise, onun enerjisini hissedin. Bu katı, öyle değil mi? Enerji olarak katılıkta işlev yapabilir misiniz? Hayır, çünkü burası içinde yaşadığınız kutuyu oluşturduğunuz yerdir ve hepinizin kapana kısıldığınız yerdir, tam şimdi! Paranın güç olduğu fikrinde kapana kısıldınız. Sonraki yanıtınız?

Ö: Sonraki yanıtım hareket edebilme yeteneği.

R: Hareket edebilme yeteneği mi?

Ö: Evet.

R: Para hareket etmene izin veriyor, ha?

Ö: Evet.

R: Gerçekten mi? Paran yok ama Pennsylvania'dan New York'a gelmeyi becerdin.

Ö: Pekala, bu şekilde söylersen....

R: Geldin mi?

Ö: Evet.

R: Burada seni değiştiren ne kadar enerji aldın?

Ö: Oh, buraya gelmek için gerekenden çok daha fazla enerji. Demek istediğin bu mu?

R: Evet, bu ilginç bir bakış açısı, öyle değil mi? Hangi yönde akıyorsun, daha fazla dışarıya mı yoksa daha fazla içeriye mi?

Ö: Oh, bu bakış açısından, daha fazla içeriye.

R: Doğru. Ama görüyorsun, sen her zaman enerji aldığın için kendini küçülttüğünü düşünüyorsun, ama parayı da içeri girebilen enerji olarak görmüyorsun. Enerjiye büyük sevinç ile izin veriyorsun, öyle değil mi?

Ö: Evet.

R: Büyük çoşku.

Ö: Evet.

R: İhtişam, olmuş olduğu gibi. Şimdi, enerjinin bu ihtişamını hisset, son birkaç günde deneyimlemiş olduğun enerjinin. Onu hissediyor musun?
Ö: Evet.
R: Onun hepsini paraya çevir. Hey, nasıl bir kasırga bu böyle, hey?
Ö: (Kahkaha).
R: Bundan sonra, bunun yaşamında olmasına nasıl olurda izin vermezsin? Çünkü kendine, alıp kabul etmeye izin vermeye istekli değilsin. Çünkü varsayım senin ihtiyacın olduğudur. İhtiyaç nasıl bir his veriyor?
Ö: İyi hissettirmiyor.
R: Katılık gibi hissettiriyor, ha? Bu kutunuzun üzerindeki kapaktır. *İhtiyaç*, dilinizdeki en kirli sözcüklerden biridir. Onu fırlatıp atın! Onu şimdi alın, tam şimdi, bir parça kağıda yazın, ayrı bir kağıda. "İhtiyaç" yazın! Kitabınızdan savurup atın! Şimdi kağıt parçalarını cebinize koymalısınız, yoksa D'nin (başka bir öğrenci) problemi olur. (Kahkaha). Güzel! Bu nasıl hissettiriyor?
Ö: İyi.
R: Harika hissettiriyor, hey? Evet, pekala, ihtiyaç sözcüğünü kullandığınız her seferinde onu yazın ve sözcük dağarcığınızdan tamamen silininceye kadar onu yırtıp atın.
Ö: Bir soru sorabilir miyim?
R: Evet, sorular mı var?
Ö: Evet, sadece..... Daha önce *güç, enerji* ve *farkındalık* sözcüklerinin birbirlerinin yerine kullanılabildiğini açıkladığınızı düşündüm.
R: Pek sayılmaz. Eğer bunları önemli kılarsanız, bir katılık haline getirirsiniz. Bunları enerji akışları şeklinde tutmalısınız. Güç enerjidir, farkındalık enerjidir, mutlak kesinlikle bilmekte olduğu gibi, şüphe yok, tereddüt yok. Eğer "Haftaya bir milyon dolarım olacak" diye düşünürseniz ve içinizde "Bahse girmek ister misin?" diyen veya "Bunu nasıl yapacaksın?" ya da "Aman Tanrım, böyle bir vaadi nasıl yaptığıma inanamıyorum!" diyen küçük bir ses duyarsanız, onu yaratmış olduğunuz zaman ardışıklığında gerçekleşemeyeceği noktaya kadar karşı - niyet oluşturursunuz, ki bu da kontrol sorunudur.

"Bankada bir milyon dolarım olmasını diliyorum" derseniz ve bunu yapacağınızı bilirseniz ve oraya zaman koymazsanız, düşünce süreçlerinizi izlemek için kontrole sahipsiniz ve o niyetinize karşı olan bir düşünceye sahip olduğunuz her seferinde, "İlginç bir bakış açısı" diye düşünün ve onu silin, çok daha çabuk gerçekleşebilir. Silmediğiniz bir düşünceye sahip olduğunuz her seferinde, o var olamayıncaya kadar zaman periyodunu uzatırsınız.

Onu ortadan kaldırın. Görüyorsunuz, eğer ona temel amaçtan bakarsanız, diyelim ki bu golf topunun üzerine konduğu çiviye benzeyen vuruş noktanız var ve nokta burada ve siz bir milyon dolar fikrinizi noktanın tepesine koyacaksınız, yaratmaya karar verdiğiniz şey hakkında bir şey söylediğiniz, negatif bir şeyler düşündüğünüz her seferinde, o noktadan bir parça koparırsınınz ta ki devrilip gerileyinceye kadar. Ve sonra o artık var olmaz. Ve sonra onu yeniden inşa edersiniz ve ona yeniden karar verirsiniz, ama bir kez daha onu sürekli olarak yok etmeye başlarsınız. Bunun nokta üzerindeki dengesini sağlamak için - noktayı elde etmelisiniz ve onu zaten var olan bir biliş, bir gerçeklik olarak orada tutmalısınız. Ve en sonunda, zaman ardışıklığınızda, yaratmış olduğunuz şeyi yakalarsınız. Sadece o zaman onu elde edersiniz, ona sahip olursunuz, o sizin olur. Pekala, ikinci yanıtına geri dönüyoruz, hareket etme yeteneği. Hareket etme yeteneği nedir? Bedenini dolaştırmak mı?

Ö: Bu şekilde kastettim.

R: Bedenini dolaştırmayı mı yoksa özgürlüğü mü kastettin?

Ö: Pekala, ikisi de.

R: İkisi de mi?

Ö: Evet.

R: Bir kez daha, varsayım senin buna sahip olmadığındır. Dikkat et, hayatta arzuladığın şeyleri almana *izin vermeyen* şey, negatif bakış açıları olan senin varsayımlarındır. Eğer özgürlüğe ihtiyacım var veya özgürlüğü arzu ediyorum dersen, özgürlüğe sahip olmadığın bakış açısını otomatik olarak yaratırsın. Bu ne güçtür, ne farkındalıktır, ne kontrol, ne de yaratıcılıktır. Pekala, bu bir tür yaratıcılıktır. Onu yarattın ve oradan işlediğin bir gerçeklik haline getirdin. Bilinç yaşamını yarattığın süreçtir, varsayımla yaşamını yaratamazsın. Varsayımda işleyemezsin, orada biraz aynı sesi tekrar etme vardır, kendi şiirini yazma zamanı. Pekala. Şimdi, üçüncü yanıtın.

Ö: Üçüncü yanıt, büyüme.

R: Oh, son 20 yılda büyümedin mi?

Ö: Peki, büyüme, seyahat etme ihtiyacım olduğu fikrine sahiptim.....

R: Ne dedin?

Ö: Seyahat edebilmek isterdim....

R: Ne dedin?

Ö: İsterdim dedim, oh, "İhtiyacım var" dedim.

R: Evet, onu yaz, yırtıp at. (Kahkaha). Küçük kağıt parçalarına ayırsan daha iyi olur.

Ö: Evet, öyle yapacağım. Evet, bir şeyler öğrenebileceğim heyecan verici workshopları duyduğum zaman, seyahat edebilmeyi isterdim.

R: İlginç bir bakış açısı. Şimdi,oradan işlediğin otomatik bakış açısı, varsayım nedir? Ona param yetmiyor. Yeterince param yok. Enerjini hisset. Enerjini hisset, nasıl hissettiriyor?

Ö: Tam şimdi çok genişlemiş hissettiriyor.

R: Güzel. Ama bunu söylediğin zaman, nasıl hissettiriyordu?

Ö: Bunu söylediğim zaman mı?

R: Evet. Yeterince paraya sahip olmadığını varsaydığın zaman.

Ö: Oh, azalmış, küçülmüş hissettiriyor, ...şey hissettiriyor.

R: İyi. Öyleyse, artık bu yerden işlemek zorunda mısın?

Ö: Umarım değil.

R: Umarım mı? İlginç bakış açısı.

Ö: Eminim ki öyle.

R: Bilinç, bilinç, bu şekilde hissettiğin her zaman uyan!! Bu şekilde hissettiğin zaman, artık kendine karşı dürüst değilsindir. Artık güç, farkındalık, kontrol, yaratıcılık veya para değilsin. Pekala. Kendiniz için paranın ne olduğu hakkında herhangi bakış açısına sahip olan var mı, varsaydığınız bakış açısı ile ilgili olarak biraz daha berraklık isteyen var mı?

Ö: Evet.

R: Evet?

Ö: Birincisi kozmik yakıt.

R: Kozmik yakıt? Gerçekten inandığın şey bu mu, bunun arkasındaki varsayım nedir? Kozmik yakıtının olmadığı mı? Arkasındaki varsayım, kozmik yakıta sahip olmaman. Kozmosa bağlı olmaman ve farkındalık olmaman. Bunlardan herhangi biri doğru mu?

Ö: Hayır.

R: Hayır, doğru değiller. Öyleyse, varsayımdan işleme, gerçeklikten işle. Çok miktarda, pek çok, bol bol kozmik yakıtın var. Evet, aynen böyle. Anladın mı? Sormak istediğin başka bir bakış açısı var mı?

Ö: Evet, hayatta kalma önlemim (yedekleme, saklama) vardı.

R: Ah, çok ilginç bir bakış açısı, benzer bakış açısına sahip olan altı yedi kişi daha olduğunu tahmin ediyoruz. Şimdi, burada üzerinden işlediğin varsayım nedir? Aslında bu belirli bakış açısında üç tane varsayım var. Bunlara bak, ne görüyorsun, burada hangi varsayımları yapıyorsun? Birincisi hayatta kalacağını veya hayatta kalmak zorunda olduğunu varsayıyorsun. Kaç milyar yıl yaşındasın?

Ö: Altı.

R:En azından. Altı milyar yıldır yaşamaktasın, bu yaşamların kaç tanesinde sakladıklarını (yedeklediklerini) kendinle birlikte götürebildin? (Kahkaha). Ne?

Ö: Hepsini.

R: Tüm o yaşamlarda biriktirdiğin paraları kendinle götürdün, hayatta kalmak için biriktirdiğin şeyleri?

Ö: Evet.

R: Hayatta kalmaktan bahsettiğin zaman, bedenin hakkında konuşuyorsun, bir beden olduğunu ve bedenin sadece parayla hayatta kalabileceğini varsayıyorsun. Nefes almayı durdur ve enerjiyi solar pleksusuna solu, bunu yapmak için çok fazla miktarda hava çekme. Nefes almak zorunda olduğunu hissetmeden önce üç veya dört enerji nefesi alabildiğine dikkat et, bedenin enerji dolmuş hisseder. Evet, bu şekilde. Şimdi nefes alabilirsin, havayı solur gibi enerjiyi solu. Bu şekilde enerji ve para olursun, aldığın her nefesle enerjiyi içine solursun, aldığın her nefesle parayı içine solursun; seninle para arasında bir fark yoktur. Pekala. Şimdi anladın mı? Bu açıklayıcı oldu mu?

Ö: Bunu anladım mı?

R: Şimdi nasıl işlediğini ve burada varsayım olarak neye sahip olduğunu anlıyor musun?

Ö: Evet.

R: Pekala, daha fazlasına ihtiyacın var mı?

Ö: Hayır.

R:Güzel. Öyleyse, onunla ne yapabilirsin? Onu değiştir, hepiniz bu şeyleri değiştirebilirsiniz, varsayımı uzaklaştır ve güç olarak, enerji olarak, kontrol olarak, yaratıcılık olarak, para olarak yeni bir bakış açısı yarat. Hangi yeni bakış açısına sahip olurdun?

Ö: Ben gücüm, ben enerjiyim.

R: Tam olarak böyle, öyle değil misin? Her zaman böyle olmadın mı? Ne kadar ilginç bir bakış açısı. Pekala, sonraki soru, bunun için kim gönüllü olmak ister?

Ö: Onun saklamasında (yedeklemesinde) üç varsayım olduğunu söyledin.

R: Evet.

Ö: Sadece bir tanesini ele aldık, öyle değil mi?

R: İki tane aldınız.

Ö: İki mi? Hayatta kalmak zorundayım.

R: Hayatta kalacağım, hayatta kalmak zorundayım, hayatta kalamam.

Ö: Tamam.

R: Ve üçüncüsü nedir? Bunu düşünün. Hayatta kalmaya istekli değilim. Söylenmemiş bakış açısı.

2. BÖLÜM

Para Sizin İçin Ne Anlam İfade Ediyor?

Rasputin: İkinci soruyu ve yanıtları okuyun lütfen.
Öğrenci: Para sizin için ne anlam ifade ediyor?
R: İlk yanıtınız nedir?
Ö: Güvenlik.
R: Güvenlik, para nasıl güvenlik oluyor?
Ö: Eğer paranız varsa, şu anını ve geleceğini güven altına alırsın.
R: İlginç bir bakış açısı. Bu doğru mu, bu gerçek mi? Eğer bankada paranız varsa ve banka iflas ederse, güvende misiniz? Eğer evinizde paranız varsa, sigorta primini yatırmayı unuttuğunuz gün eviniz yanarsa, güvenliğiniz olur mu?
Ö: Hayır.
R: Sahip olduğunuz tek bir güvenlik vardır ve bu, güvenliği yaratan da para değildir. Güvenlik bir varlık olarak, bir ruh olarak, ışık varlığı olarak sizin gerçeğinizdedir. Ve oradan yaratırsınız. Siz enerji olarak güçsünüz. Güç olarak, enerji olarak var olan tek gerçek güvenliğe sahipsiniz. Eğer Kaliforniya'da yaşasaydınız, güvenlik olmadığını bilirdiniz, çünkü ayaklarınızın altındaki her şey hareket eder. Ama burada, Doğu Sahilinde, zeminin güvenli olduğunu düşünüyorsunuz, ama güvenli değil. Dünya dediğiniz şey katı bir yer değildir, o sadece enerjidir. Bu duvarlar katı mıdır? Bilim adamlarınız bile katı olmadığını söylüyor, sadece moleküller daha yavaş hareket ediyor, bu nedenle katı olarak görünüyorlar.

Siz katı mısınız? Güvende misiniz? Hayır, sizler katı görünümde yarattığınız ve oluşturduğunuz moleküller grubu arasındaki alansınız. Bu güvenlik mi? Eğer parayla güvende olabilseydiniz, öldüğünüz zaman onu yanınızda götürebilir miydiniz? Yeni bir beden almayı becerip geri gelir ve sonraki yaşamda o parayı alabilir miydiniz? Parayla satın aldığınız gerçekten güvenlik mi, bu gerçekten güvenlik anlamına mı geliyor yoksa sadece hayatınızı nasıl yarattığınız ile ilgili başkalarından benimsemiş olduğunuz, üstlendiğiniz bir bakış açısı mıdır?
Ö: Öyleyse, bana söylediğin şey, eğer parayı düşünürsem, onu yaratabileceğim mi?
R: Evet. Eğer düşünürsen değil, eğer para OLURSAN!
Ö: Nasıl para olurum?

R: Öncelikle, yaşamının vizyonuna sahip olmalısın ve bunu "Ben yaratıcılığım" diyerek yaparsın. Sen bir vizyon olarak yaratıcılıksın. Sen enerji olarak "Ben gücüm"sün. Sen, dünyanın onu gördüğün gibi olacağını tam olarak bilerek "Ben farkındalığım"sın. Ve sen oraya nasıl gideceğinde çıkar gözetmeden, eğer gücünü sürdürürsen ve yaptığın şeye uyumlanmada farkındalığını sürdürürsen, evrenin vizyonunu meydana getirmek için çarkları döndüreceğinin farkındalığında olarak "Ben kontrolüm"sün. O zaman, eğer bu dört unsur yerinde olursa, "Ben parayım" olabilirsin.

Ve bunları kullanabilirsin, "Ben gücüm, Ben farkındalığım, Ben kontrolüm, Ben yaratıcılığım, Ben parayım" diyebilirsin. Ve para oluncaya kadar, yaratıcılık oluncaya kadar, farkındalık oluncaya kadar, kontrol oluncaya kadar, güç oluncaya kadar bunları her sabah ve her gece kullan. Bu şekilde para olursun. "Ben ..'im" o olmaktır. O bu olduğu için, şimdi kendinizi bu şekilde yaratırsınız. Görüyorsunuz, kendinizi "Para kazanarak güvenlik elde ediyorum" bakış açısından yaratıyorsanız, bu nedir? Bu bir zaman ardışıklığıdır, gelecekteki durumdur, evet?

Ö: Doğru.

R: Bu nedenle de asla ona ulaşamazsın.

Ö: Her zaman şimdide olmak zorundasın....

R: Evet! "Ben... im" sizi her zaman şimdiye yerleştirir. Öyleyse, paraya sahip olmak ile ilgili başka bakış açın nedir, para senin için ne anlama geliyor?

Ö: Güvenlik asıl olandı, çünkü diğer ikisi ev ve gelecek. Ama, eğer güvenliğe sahip olsaydım, evim güvende olurdu ve geleceğim güvende olurdu.

R: Gerçekten mi? Bu gerçekten doğru mu?

Ö: Hayır, hayır, hayır, değil. Güvenlik ihtiyacım olarak biraz önce bana verdiğin şeyi anlıyorum.

R: Evet, iyi.

Ö: "Ben.... im"leri anlıyorum.

R: Evet. Bakış açısına açıklık getirilmesini dileyen başkaları var mı?

Ö: Mutluluk.

R: Mutluluk, para size mutluluk satın alır, ha?

Ö: Öyle düşünüyorum.

R: Gerçekten mi, cebinde para var mı?

Ö: Çok fazla değil.

R: Mutlu musun?

Ö: Ih, hıh.

R: Öyleyse, para sana bunu satın almadı, öyle değil mi?

Ö: Hayır.

R: Bu doğru, hayatında mutluluğu, neşeyi, para değil, sen yaratırsın. Para mutluluk satın almaz, ama paranın mutluluk satın aldığı bakış açısına sahipsen ve eğer paran yoksa, nasıl mutlu olabilirsin? Ve yargılama bundan sonra gelir, "Mutlu olmak için yeterince param yok." Ve hatta daha fazla paran olduğu zaman, hala mutlu olmak için yeterince paraya sahip olmazsın. Bunu anladın mı? Bununla ilgili nasıl hissediyorsun?

Ö: Param olmadığını düşünsem bile her zaman mutluyum, ama Perşembe günü birisine para ödemek zorunda olduğumu bildiğim, hiç param olmadığını bildiğim için, bu beni kötü bir ruh haline sokuyor.

R: Ah!, işte böyle, şimdi bunu anlıyoruz - zaman. Parayı nasıl yaratırsın?

Ö: Bir işle, çalışarak.

R: Bu ilginç bir bakış açısı. Sadece çalışarak alabileceğini mi söylüyorsun?

Ö: Deneyimlediğim bu.

R: Öyleyse, hangi bakış açısı önce geldi, para kazanmak için çalışmak zorunda olduğun fikri mi yoksa deneyim mi?

Ö: Fikir.

R: Onu sen yarattın, öyle değil mi?

Ö: Evet.

R: Öyleyse, ondan sen sorumlusun; dünyanı tam olarak düşünce kalıbın nasılsa öyle yarattın. Beynini fırlatıp at, o seni engelliyor! Düşünüyorsun, zenginleşmiyorsun, sınırlanıyorsun. Bu düşünce sürecini aldın ve sonra sen küçüldün, ulaşacağın ve elde edeceğin şeyde kendini sınırladın. Her zaman mutluluk yaratma kapasitesine sahiptin, öyle değil mi?

Ö: Evet.

R: Seni engelleyen şey sadece faturalar, evet mi?

Ö: Evet.

R: Çünkü yaptığın şey düşünmek, hayatının nasıl olacağının bir vizyonuna, bir para vizyonuna sahipsin, evet mi?

Ö: Evet.

R: Öyleyse, şimdi bunun bir vizyonunu al. Nasıl hissettiriyor? Hafif mi ağır mı?

Ö: Hafif.

R: Ve bu hafiflikte olduğun zaman, borçlu olduğun her şeyi ödeyeceğini biliyor musun?

Ö: Bunu tekrar söyler misin?

R: Bu hafiflikte, borçlu olduğun her şeyi ödeyeceğini farkındalık olarak biliyor musun?

Ö: Evet.

R: Bunu biliyor musun? Bunun mutlak farkındalığına ve kesinliğine sahip misin?

Ö: Borçlu olduğum herkese ödeme yapmak zorunda olduğumu.
R: Hayır, ödeme yapmak zorunda olmak değil, ödeyeceğini.
Ö: Evet, ödeyeceğimi düşünüyorum.
R: Oh, ilginç bir bakış açısı, ödeyeceğimi düşünüyorum. Onu ödeyeceğini düşünüyorsan, onu ödeme arzun olur mu yoksa ona direnir misin?
Ö: Ona direnirim.
R: Evet, ona direnirsin. Evet, ödemeye direnirsin. Direnmenin amacı nedir?
Ö: Sana söyleyemem.
R: Ödemeyi arzu etmemenin altta yatan bakış açısı ne olurdu? Eğer yeterince paraya sahip olsaydın, faturayı öder miydin?
Ö: Evet.
R: Öyleyse, ifade edilmemiş altta yatan bakış açın nedir?
Ö: Para hakkında kaygılandığım, ödeme yapmak istemediğim.
R: Yeterince paraya sahip olmayacağın, evet mi?
Ö: Evet.
R: Evet, bu ifade edilmemiş bakış açısı, seni sıkıntıya sokan, bakamadığın şey bu. Çünkü burası, oradan yarattığın yerdir, hiç de yeterince olmadığı bakış açısından yaratıyorsun. Öyleyse, yeterince olmadığını bir gerçeklik olarak yarattın mı?
Ö: Evet.
R: Bu işlemeyi istediğin bir yer mi?
Ö: Söylediğin şeyi anlamıyorum.
R: "Yeterince yok"tan işlemek istiyor musun?
Ö: Evet.
R: Öyleyse "yeterince yok"u seçmenin değeri nedir?
Ö: Hiç değeri yok.
R: Olmalı yoksa sen bu seçimi yapmazdın.
Ö: Hepimiz bu korkuya sahip değil miyiz?
R: Evet, hepiniz yeterince olmayacağı korkusuna sahipsiniz ve hepiniz yeterince olmayacağı kesinliğinden işlev yapıyorsunuz, bu nedenle güvenlik arıyorsunuz ve bu nedenle mutluluk arıyorsunuz ve bu nedenle evler arıyorsunuz ve bu nedenle geleceği arıyorsunuz, gerçekte, şimdiye dek sahip olduğunuz her geleceği yarattınız. Her geçmiş, her şimdi ve her gelecek sizin tarafınızdan yaratılır. Ve onu tam olarak düşündüğünüz gibi kusursuz yaratma işini yaptınız. Eğer yeterince olmadığını düşünürseniz, neyi yaratırsınız?
Ö: Yeterince olmayanı.
R: Tam olarak böyle, yeterince olmayacaktır. Şimdi, böyle iyi bir iş yaptığınız için kendinizi kutlayın, "yeterince yok"u yaratma kusursuz harika işini yaptınız. Tebrikler, çok iyisiniz, harika ve ihtişamlı yaratıcılarsınız.

Ö: Hiç bir şey yaratmamak.

R: Oh, şimdi, bir şey yarattınız, borç yarattınız, öyle değil mi?

Ö: Pekala, bu doğru.

R: Borç yaratmakta çok iyiydiniz, "yeterince yok"u yaratmakta çok iyiydiniz, kendinizi beslemek ve giydirmek için yeterince yaratmakta çok iyiydiniz, evet mi? Yaratmanın tüm bölümlerinde mükemmel bir iş yaptınız. Öyleyse, ondan yaratmadığınız bakış açısı nedir? Sınırlama yok, sınırlama yok.

Ö: Bu çok fazla pratik yapmayı gerektirmiyor mu?

R: Hayır, pratik yapmayı gerektirmez.

Ö: Gerçekten, sadece sürekli bunu mu yapıyoruz?

R: Evet, tek yapmanız gereken "Ben yaratıcılığım" OLMAK, hayatınızın vizyonu OLMAK. Yaşamınızın neye benzemesini isterdiniz? Onu seçtiğiniz şekilde yaratabilseydiniz, hayatınız nasıl olurdu? Bir milyoner mi olurdunuz yoksa, yoksul mu olurdunuz?

Ö: Milyoner.

R: Milyoner olmanın yoksul olmaktan daha iyi olduğunu nasıl bilirsiniz? Bir milyonerseniz, birisi gelip tüm paranızı çalabilir, yoksul iseniz hiç kimse gelip paranızı çalmaz. Öyleyse, bir milyoner olmak ister miydiniz? Hangi amaçla? Neden bir milyoner olmayı diliyorsunuz? Bir milyoner olmakta hangi değer vardır? İyi bir fikir gibi görünüyor, ama bu sadece iyi bir fikir gibi görünüyor, doğru mu?

Ö: Evet, bu iyi bir fikir.

R: Bu iyi bir fikir, okey. Pekala. Burada biraz eğlenelim. Gözlerinizi kapatın, elinizde yüz dolarlık bir banknot olduğunu imgeleyin. Şimdi onu küçük parçalara yırtın ve fırlatıp atın. Ooh, bu acı veriyor.

R: Bin doları imgeleyin, şimdi onu yırtın ve fırlatıp atın. Daha çok acı veriyor, öyle değil mi?

Ö: Evet.

R: Şimdi, on bin dolar ve onu yakın, şömineye atın. İlginç, on bin doları şömineye atmak o kadar çok zor değildi, öyle değil mi? Pekala, şimdi yüz bin doları şömineye atın. Şimdi bir milyon doları şömineye atın. Şöminede on milyon dolar olması ile on milyon dolar olmak arasındaki fark nedir?

Ö: Çok daha iyi hissettiriyor.

R: Güzel, öyleyse nasıl oluyor da her zaman tüm paranı şömineye atıyorsun??

Sınıf: (Kahkaha)

R: Her zaman paranı fırlatıp atıyorsun ve her zaman paranı mutlu olma yolu olarak harcıyorsun, çabalama ve hayatta kalma yolu olarak. Para olduğunuzu, para olmaya istekli olduğunuzu hissedecek kadar çok yaratmanıza izin vermiyorsunuz. Para olma istekliliği bir milyon dolar olmaktır veya on milyon dolar olmaktır. O olmak, o sadece enerjidir, siz onu belirgin kılmadıkça onun gerçek önemi yoktur. Eğer onu belirgin hale getirirseniz, onu ağırlaştırırsınız. Eğer o belirgin olursa, bir katılık haline gelir ve o zaman kendinizi kapana kıstırmış olursunuz. Dünyanızın kutusu sınırlamalarınızı yarattığınız parametrelerdir. Sadece daha büyük bir kutuya sahip olmanız, onun bir kutudan daha azı olduğu anlamına gelmez, o hala bir kutudur. Bunu anladınız.

Ö: Evet.

R: Bu hoşunuza gitti mi?

Ö: Evet

R: İyi

Ö: Bu hala zor. (Kahkaha).

R: Şimdi bu ilginç bir bakış açısı, para olmak zor, ha?

Ö: Evet.

R: Şimdi, bu bakış açısına bak. Bu bakış açısıyla ne yaratıyorsun?

Ö: Biliyorum, ben bir şeyleri sınırlıyorum.

R: Evet, bunu zorlaştırıyorsun, katılaştırıyorsun ve gerçek kılıyorsun. Oğlum, bunda iyi bir iş çıkardın. Tebrikler, sen harika ve ihtişamlı bir yaratıcısın.

Ö: O iki sihirli sözcük, Ben .... 'im.

R: Ben parayım, ben gücüm, ben yaratıcılığım, ben kontrolüm, ben farkındalığım. Pekala, daha fazla açıklanmasını istediğiniz bakış açıları olan var mı?

Ö: Para için çalışmadan para kazanabilir misin?

R: Para için çalışmadan para kazanabilirsin. Şimdi çok ilginç iki tane sınırlama var. Her şeyden önce, nasıl para kazanırsınız, arka bahçenizde matbaa makineniz var mı?

Ö: Hayır.

R: Ve para için çalışmadan, iş senin için nedir?

Ö: Maaş çeki.

R: İş maaş çeki mi?

Ö: Evet.

R: Öyleyse, evde otur ve onlardan birini topla?

Ö: Hayır, işe gidiyorum.

R: Hayır, iş senin için yapmaktan nefret ettiğin bir şey. *İş* sözcüğünü hisset, onu hisset. Nasıl hissettiriyor? Hafif mi, neşeli mi hissettiriyor?

Ö: Hayır.

R: Bok gibi hissettiriyor, ha? (Kahkaha). İş, kristal kürende baktığın iş mi?

Ö: Hayır.

R: Peki, para kazanmamana şaşmamak gerek. İş olarak yaptığın şeyi görmüyorsun, öyle değil mi?

Ö: Gerçekten ne yaptığımı henüz bilmiyorum.

R: İlginç bir bakış açısı. Nasıl "Ben farkındalığım" olup da yaptığın şeyi bilemeyebilirsin? Buradaki varsayım nedir? İşlediğin altta yatan bakış açısı? Bu, "Korkuyorum" mudur?

Ö: Hayır, anlamıyorum.

R: Neyi anlamıyorsun? Yeteneğinden şüphe ediyorsan, para alamazsın. Evet mi?

Ö: Yeteneğimden şüphe etmek değil bu. Onu anlamıyorum, gördüğüm şeyi bilmiyorum.

R: İyi, öyleyse zihnini serbest bırak, rehberlerine bağlan ve bırak küre sana rehberlik yapsın. Onu düşündüğün bakış açısından düşünmeye ve çözmeye çalışıyorsun. Sen bir düşünce makinesi değilsin, sen psişiksin. Bir psişik hiç bir şey yapmaz, sadece imgelerin gelmesi için orada olur ve zihnini serbest bırakır ve ağzını serbest bırakır ve akmasına izin verir. Bunu yapabilir misin?

Ö: Evet, bunu yaparım.

R: Ve bunun gerçekleşmesine izin verdiğin zaman, bunu çok iyi yaparsın. Sadece zihnini denkleme koyduğun zaman yetersizlik yaratırsın. Sizin için talihsiz olan kısmı, bildiğiniz şeye güvenmemenizdir. Olduğunuz sınırsız varlık olarak evrendeki tüm bilgiye erişime sahip olduğunuzu fark etmiyorsunuz. Ve kozmik bilincin uyanışı için bilgi iletme vasıtası olduğunuzu fark etmiyorsunuz. Gerçek şu ki sizler korku içinde yaşıyorsunuz. Başarı korkusu, gücünüzün korkusu ve yeteneğinizin korkusu. Ve her biriniz için korkunun altında öfke, yoğun öfke ve hiddet var. Ve kime çok öfkeleniyorsunuz? Kendinize. Olduğunuz sınırlı varlıklar olmayı, olduğunuz Tanrı Gücünde yürümemeyi seçtiğiniz, bedeniniz sanki varoluşun kabuğuymuş gibi onun büyüklüğünü sınırlamaktan işlemeyi seçtiğiniz için kendinize kızgınsınız. Kendinizi dışarıya doğru genişletin ve korkmayarak ve öfkelenmeyerek, ama yaratma yeteneğinizin harika ve ihtişamlı mucizesinde olarak bedeninizden uzaklara açılın. Yaratıcılık vizyondur, vizyonlarınız var mı?

Ö: Evet.

R: Farkındalık olarak biliş, gücünüze bağlı olduğunuzun kesinliğidir. Buna sahip misin?

Ö: Evet.

R: Ve kontrol, kontrolü kozmik güçlere devretmeye istekli misin?

Ö: Nasıl yapılacağını öğrenirsem.

R: Nasıl yapılacağını öğrenmek zorunda değilsin, "Ben kontrolüm" olmalısın. Bu, kendini kendi dışından görmektir, sahip olamazsın. "Nasıl yapılacağını öğrenmek" güçsüzleşme yarattığın ve sanki o gerçekten mevcutmuş gibi zaman değerine ulaşmanın hesaplanmasına koyduğun yoldur. Şimdi her şeyin gelecekte olacağını biliyorsun ve her şeyin geçmişte olmuş olduğunu biliyorsun, tam şimdi. Senin yarattığının dışında zaman yoktur. Eğer kendini hareket ettireceksen, A Noktasından B Noktasına nasıl gideceğini anlama ihtiyacından vazgeçerek, "Ben kontrolüm" bakış açısından kendini hareket ettirmelisin. Bu, A Noktasından B Noktasına gitmektir. Süreci ve benliğin kaderini eksiltmeyle (azaltmayla) kontrol etmeye çalışıyorsun. Ona buradan ulaşamazsın. Anlıyor musun?

Ö: Evet.

R: Öfkene bakmaya istekli misin?

Ö: Evet.

R: Öyleyse ona bak. Nasıl hissettiriyor?

Ö: Yanlış.

R: Ve öfkeni nerede hissediyorsun; bedeninin hangi bölümünde?

Ö: Göğsümde.

R: Öyleyse şimdi onu al ve önünde göğsünden 1 metre ileriye ittir. Onu dışarı doğru ittir. Güzel. Şimdi nasıl hissettiriyor? Ağır mı hafif mi?

Ö: Çok ağır hissettirmiyor.

R: Ama senden 1 metre ileride, öyle değil mi? Şimdi, bu senin öfken, o gerçek mi?

Ö: Evet.

R: Öyle mi? İlginç bakış açısı. Bu yalnızca ilginç bir bakış açısıdır, bir gerçeklik değildir. Onu sen yarattın, sen tüm duygularının yaratıcısısın, sen tüm yaşamının yaratıcısısın, sen kendin için gerçekleşen her şeyin yaratıcısısın. Sen yaratıyorsun ve eğer hesaplamaya zaman koymak zorunda isen, o zaman on saniyelik artışlarla zaman koy. Pekala, burada sana bir seçim vereceğiz. Yaşamının kalanında yaşamak için on saniyelerin var ya da bir kaplan seni yiyecek. Neyi seçersin?

Ö: (Cevap yok).

R: Zamanın bitti, yaşamın sona erdi. Yaşamının kalanı boyunca on saniyelerin var, neyi seçersin? Geleceği gören biri mi yoksa değil mi? Seçmedin, yaşamın sona erdi. Yaşamının kalanı boyunca on saniyelerin var, neyi seçersin?

Ö: Olmayı.

R: Evet, olmak, bir şeyleri seç. Seçerken, yaşamını yaratırsın, öyleyse olduğun psişik olmayı seç, kristal küre okuyucusu olmayı seç, on saniyelik artışlarla seç. Eğer şimdi kürene bakmak zorundaysan ve bu on saniyelerde bir resim alacaksan, bunun ne olduğunu yanıtlayabilir misin?

Ö: Evet.

R: Tamam, yapabilirsin. Şimdi yaşamın sona erdi, yaşamının on saniyelerine sahipsin, neyi seçeceksin? Resim ve küre ve konuşma ya da seçim yok?

Ö: Resim ve küre.

R: İyi, öyleyse onu seç, her birini seç ve her zaman. Her on saniyede yeniden seç, yeniden seç, bir şeyleri başlat, ilerlemeye devam et. Yaşamını on saniyelik artışlarda yaratırsın. Eğer yaşamını on saniyelik artışlar dışında bir şeyde yaratırsan, gelecek beklentisinden yaratırsın, o hiç gelmez veya aynı bakış açısını sürdürdüğün zaman yeni bir şeyler yaratacağı fikriyle deneyime dayanan geçmişin güçsüzlüklerinden yaratırsın. Yaşamının hala aynı görünmesine şaşmalı mı? Yeni bir şeyleri seçmiyorsun, öyle değil mi? Andan ana "Yeterincesine sahip değilim, çalışmak istemiyorum"u seçiyorsun.

Şimdi, söz dağarcığından çıkarman için sana bazı sözcükler tavsiye edeceğiz. Söz dağarcığından çıkarman gereken beş sözcük var. Bir: *istemek, istek* sözcüğü. İstemenin "yoksun olmak" anlamına gelen 27 tanımı var. İstemek/istek sözcüğünün "yoksun olmak" anlamına geldiği İngilizce dilinde binlerce yıla sahipsin ve sadece bu yaşamdan çok daha fazla sayıda yaşamlarda İngilizce konuştun. Ve, bu yaşamda, arzularını yarattığını düşündüğünü sanarak *istemek, istek* sözcüğünü kaç yıldır kullanmaktasın? Gerçekte, neyi yarattın? İstek, yoksunluk; yoksunluk yarattın. Öyleyse, sen harika ve ihtişamlı bir yaratıcısın, kendini kutla.
Ö: (Kahkaha).
R: İki; *ihtiyaç*. İhtiyaç nedir?
Ö: Yoksunluk.
R: İhtiyaç sahip olamadığını bilmenin güçsüzlüğüdür, eğer ihtiyaç duyarsan hiç bir şeye *sahip* olamazsın: Ve ihtiyacı her zaman açgözlülük izler, çünkü elde etmeye çalışıyorsun. Üç: ve sonra *denemek, çabalamak*. *Denemek, çabalamak* asla ulaşmamaktır, *denemek, çabalamak* seçim yapmamaktır, *denemek, çabalamak* bir şey yapmamaktır. Dört: *Neden/Niçin*. Ve *neden* her zaman yol ayrımıdır ve her zaman başlangıca geri dönersin.
Ö: Bunu anlamıyorum.
R: İki yaşında birini bir süre dinle, anlarsın.
Ö: (Kahkaha). Asla bir yanıt almazsın.
R: Beş: *Ama*. "Ama" dediğin her zaman ilk ifadene karşı gelirsin, "Gitmek istiyorum ama bunu ödeyemem." Pekala, ihtiyaç içinde olmayın. "İhtiyacım var" "Sahip değilim" demektir. "İstiyorum" "Yoksunum" demektir. "Deniyorum, çabalıyorum" "Yapmıyorum" demektir. Sonraki soru.

3. BÖLÜM

Parayı Düşündüğünüz Zaman Sahip Olduğunuz Üç Duygu Nedir?

Rasputin: Pekala, sonraki soru için kim gönüllü olmak ister?
Öğrenci: Üç numara mı?
R: Üç numara. Soru nedir?
Ö: Para hakkında sahip olduğum üç duygu nedir?
R: Üç duygu nedir, evet. Para hakkında sahip olduğun üç duygu nedir?
Ö: Hımmm...
R: Parayı düşündüğün zaman üç duygu.
Ö: Gelen ilkini pek sevmedim, ama bu korkuydu.
R: Korku? Pekala. Öyleyse, para hakkında korkuya sahip olmak zorunda olduğun bakış açısı, bu hangi varsayım?
Ö: Bunu farklı olarak yorumluyorum, farklı şekilde yorumluyorum, paranın yokluğundan korkuyorum, bu da....
R: Evet. Bu nedenle bu duygu orada, paranın yokluğundan korkuyorsun, çünkü temel varsayım ....
Ö: Ona ihtiyacım var.
R: Bunu yaz.
Ö: Ve yırtıp at.
R: Bunu yaz ve yırtıp at.
Ö: Sana korkunç bir soru soracağım.
R: Okey.
Ö: Tamam, mağazaya gidiyorum, onlardan alacağım şey için karşılığında bir şeyler istiyorlar, bir şeylere ihtiyaçları var. (Kahkaha).
R: İstek, istek, istek nedir?
Ö: (Kahkaha)
R: Onlar yoksun, evet, *istek* yoksunluk anlamına geliyor. Bu elimine etmen gereken diğer kirli sözcük. Ama, mağazaya ne için gidiyorsun?
O: Tamam, yiyecek.
R: Pekala, yiyecek için mağazaya gidiyorsun, bu yemek yemeye *ihtiyacın* olduğunu düşündürüyor?
Ö: Şaka yapıyorsun. Peki, *ihtiyacım* olduğunu biliyorum.

R: *İhtiyaç*? Bunu tekrar yaz.
Ö: İstek.
R: Bunu yaz ve bunu da fırlatıp at. *İhtiyaç* ve *isteğe* izin verilmiyor.
Ö: Ama acıkıyorsun.
R: Gerçekten mi? Enerjiyi bedenine çek, hepiniz, enerjiyi çekin. Evet, aç hissediyor musun? Hayır. Neden daha fazla enerji ve daha az yiyecek yemiyorsun?
Ö: Bu bir süre için çok iyi olurdu, çünkü biraz kilo verebilirdim, ama zarar vermeye başlardı. (Kahkaha).
R: Tam olarak öyle. Oraya yeterli enerji alırsın, dev bir balon olabilirsin.
Ö: Tam şimdi evimde uyumak için gelen iki kişi de dahil gelen arkadaşlarıma ne dersin?
R: Öyleyse, onları beslemen gerektiğini kim söyledi? Onlar sana nasıl oluyor da katkıda bulunamıyorlar?
Ö: Bulunuyorlar.
R: Korku, alıp kabul etmeyeceğinin korkusu. Korku, paranın sadece tek bir yöne çalıştığı ve bunun senden uzak olduğu korkusu. Korkuyu her hissettiğinde, *ihtiyaç* ve *açgözlülük* yaratırsın.
Ö: Okey.
Ö: İhtiyaç aslında korkudan gelir, bayım?
R: Evet, korku *ihtiyacı* ve *açgözlülüğü* getirir.
Ö: Gerçekten mi?
R: Evet.
Ö:Vay be haklısın. Temel bir inanç sistemi olan başka bir şeyi henüz kavradığımı düşünüyorum ve bu gerçekten iyi bir şey değildi.
R: Alıp kabul etmek iyi bir şey değil.
Ö: Çok fazlasına sahip olmak iyi bir şey değil.
R: Alıp kabul etmek iyi bir şey değil.
Ö: Doğru. Veya, başkalarından alıp kabul etmek.
R: Alıp kabul etmek, nokta.
Ö: Doğru.
R: Herhangi bir yerden. Pekala. Korku içindeysen, alıp kabul etmeye istekli olmazsın, çünkü dipsiz bir kuyu olduğunu düşünürsün ve yaşadığın yer derin, karanlık bir deliktir. Korku her zaman içindeki deliktir, dipsiz bir yerdir. Korku ihtiyaç içinde, açgözlü olmana neden olur ve süreçte bir hıyar ağası olursun. Anlaşıldı mı?
Ö: Anlaşıldı.
R: Sonraki duygu.
Ö: Daha fazlasını arzulamak.

R: Arzu, ah, evet. Ah, evet, şimdi arzu - bu nedir? Dışarı çıkarsın ve daha fazlasını almak için kalça kıvırırsın?
Ö: (Kahkaha) Bunun büyüklük olmadığını biliyordum.
R: Otomatik olarak "daha fazlasına" sahip olursun, Dikkat et, daha fazlasına sahip olmak, korkuyla birlikte giden yetersizlik.
Ö: Biliyorsun, sadece daha fazla para elde etmek değil, ama.....
R: Daha fazlasını elde etmek, nokta. Paranın deneyimlemekte olduğun şeyin gerçekliği ile ilgisi yoktur. Para, etrafında yokluk, yeterli olmama, *istek, ihtiyaç, arzu* ve *açgözlülük* realitesi yarattığın konudur. Ve bu düzlemdeki herkes için bu aynıdır. Bu dünyanın işlediği yer burasıdır.

80'li yıllar dediğiniz şeyde bunun harika bir örneğine sahipsiniz ve hepinizin paranın bir gereklilik olduğuna karar verdiğiniz zamandan bu yana bu, bu dünyanın gerçeği oldu. Bir gereklilik. Gereklilik nedir? Onsuz yapamadığınız ve hayatta kalamadığınız bir şey. Varlıklar olarak siz, milyonlarca ömürde hayatta kaldınız ve ne kadar paraya sahip olmuş olduğunuzu veya ne kadar para harcamış olduğunuzu ya da parayı nasıl kazanmış olduğunuzu hatırlayamıyorsunuz bile. Ama, hala buradasınız ve hala hayattasınız. Ve her biriniz bunun hakkında daha fazlasını anlayacak bir yere gelebildiniz.

Paranın bir gereklilik olduğu varsayımından işlemeyin, para bir gereklilik değildir, o nefesinizdir, olduğunuz şeydir, siz tamlıktakı parasınız. Ve kendinizi gereklilik olarak değil, para olarak hissettiğiniz zaman genişlersiniz. Ve kendinizi gereklilik olarak hissettiğiniz zaman, parayla ilintili olarak kendinizi küçültürsünüz ve enerji ve para akışını durdurursunuz. Ve üçüncü duygun?
Ö: Mutluluk.
R: Ah!, şimdi, hangi açıdan mutluluk? Parayı harcadığın zaman mutluluk, cebinde para olduğu zaman mutluluk, paranın geldiğini bildiğin zaman mutluluk, o para olduğu için mutluluk? Bir dolara bakıp mutlu olabilir misin?
Ö: Hayır.
R: Bunun hangi kısmı sana mutluluk getirir?
Ö: Bazı şeylerin gerçekleştirilebileceğini veya yapılabileceğini bilmek.
R: Öyleyse para mutluluğu satın alır?
Ö: Yanlış sözcüğü kullandım, hımmm....
R: Paradan mutluluk nasıl gelir?
Ö: Paradan hiç de mutluluk gelmesi gerekmez.
R: Öyleyse parayla ilgili olarak mutluluğu nasıl hissediyorsun? Yeterlilik hissettiğin zaman mı? Bol bol paran olduğu zaman mı? Güvende hissettiğin zaman mı?

Ö: Evet, güvenlik.
R: Güvenlik. İlginç bakış açısı.
Ö: Ama güvenlik gibi başka bir şey yok.
R: Peki, var. Güvenlik var. Bilmekte ve benliğin farkındalığına sahip olmakta güvenlik var. Var olan tek güvenlik budur, garanti edebileceğin tek güvenlik bu yaşamdan geçip, bu bedeni terk edip, eğer arzu edersen geri gelmek ve bu dünyada daha fazla bolluk içinde bir yaratık olmaya tekrar çalışma fırsatına sahip olmaktır. Ama, mutluluk içindedir, mutluluğa sahipsin, sen mutluluksun, bunu paradan elde etmezsin. Mutlu olmak, mutlu olmayı gerektirir, hepsi bu. Ve üzgün olmayı seçtiğin zaman dışında sen mutlusun. Doğru mu?
Ö: Doğru.
R: Duygularından konuşmak isteyen başkaları var mı?
Ö: Ben korku üzerine biraz daha gitmek isterdim.
R: Evet.
Ö: Çünkü korku duygusuna muazzam miktarda enerji harcadım.
R: Evet.
Ö: Ve korkunun arkasında, korkunun altında, her zaman öfke var.
R: Evet, tam olarak böyle. Tam olarak neye öfkelisin. Kime öfkelisin?
Ö: Kendime.
R: Tam olarak öyle. Ve ne hakkında öfkelisin?
Ö: Boşluğu hissetmek.
R: Gücünü almamak.
Ö: Hımm.
R: Bütünlükte olmamak. Bunu mu hissediyorsun?
Ö: Çok fazla.
R: Bedeninde nerede korktuğunu ve nerede öfkelendiğini hisset.
Ö: Evet.
R: Şimdi onu diğer yöne çevir. Şimdi nasıl hissettiriyor?
Ö: Rahatlama.
R: Evet ve kendine yer açmak için bu şekilde korku ve öfkeden kurtulursun. Çünkü, kendine bakarsan, evreninde hiç de korku yok, var mı?
Ö: Hayır.
R: Ve ifade edebileceğin tek öfke başkalarına olandır, çünkü gerçek öfken kendinle ilgilidir ve enerjinin gerçeğini bütünlükte üstlenmeyi reddettiğin yerdedir. Öyleyse, olduğun güç olabilir misin, olduğun enerji olabilir misin? Öyleyse bırak aksın, onu tutmayı bırak. Vay canına, rahatla, hey?
Ö: Evet.
R: Şimdi, bunu uygulamak zorundasın, tamam mı?

Ö: Evet.
R: Çünkü bu odadaki herkesin yaptığı gibi kendin olmamak, güç olmamak için milyarlarca yıl sürekli olarak kendini küçülttün. Ve bunu kendi öfkeni ezmek için yaptın. İlginç, değil mi ha? Kendine öfke. Ve burada olduğunuz gücün tamlığında olmaya izin vermediğiniz için kendine öfkeli olan tek bir kişi değildir. Pekala, duygular hakkında konuşmayı dileyen başkası var mı?
Ö: Tekrar korku hakkında konuşmak istiyorum, kendi bakış açımdan. Korkuya kapıldığım zaman, bu bir daralma, kısıtlama, kapanmadır.
R: Ve bunu nerede hissediyorsun?
Ö: Solar pleksusumda.
R: İyi. Onu dışarı çıkar, dışarı çıkar. Orada, bunun gibi. Şimdi nasıl görünüyor?
Ö: Gözü yaşlı.
R: Güzel. Ve gözyaşının altında ne var?
Ö: Öfke.
R: Öfke. Evet, orada, orada küçük bir düğümle bağladığın bu şey. Bunu iyi sakladın, değil mi ha? Düşünüyorsun. Pekala, öfkeyi dışarı atma, onu bütünlükte dışarı atma. Öfkeyi hisset, bırak senden çıkıp gitsin. Evet, orada, bu o. Şimdi farkı ve genişlemeyi farket. Bunu hissediyor musun?
Ö: Evet, çok iyi hissettiriyor.
R: Evet, çok iyi hissettiriyor. Bu senin gerçeğin, bu yerde her şeye bağlı olma kapasitesine sahip olmayarak, bedeninin dışında olarak genişliyorsun. Hisset, öfkenin gitmesine izin verirken, bütünlükte benliğine bağlanma realitesi, bir tür spiritüel varlık gibi değil, benliğin gerçeği. Bırak tamlıkta dışarı çıksın. Bunun gibi, orada.
Ö: Yapıyorum, anladım.
R: Hissediyorsun, bu kim olduğunun güvenidir, bu güçtür.
Ö: Kendime gelmek gibi hissettiriyor.
R: Tam olarak böyle. Tamamen bağlanmak, tamamen bilinç, tamamen farkındalık ve kontrol. Kontrol bu yerden nasıl hissediliyor?
Ö: Diğer kontrolden çok farklı hissediliyor.
R: Evet, diğeri öfkeni kontrol etmeye çalışıyor, öyle değil mi?
Ö: Evet, sanıyorum.
R: Peki, en sonunda öfkeni kontrol etmeye çabalıyorsun, çünkü ışıldamana izin vermiyorsun. İçinde huzur var, sükunet var ve ihtişam var. Ama onu öfkenin altına sıkıştırıyorsun. Öfkenin uygun olmadığını düşündüğün için, kendini küçültüyorsun. Ve onu kontrol etmeye çalışıyorsun ve bunu kendinden saklamanın yolu olarak etrafındaki başka her şeyi kontrol etmeye çalışabilirsin. Öfkeli olduğun kendinsin. Kendinle huzurda ol. Orada, tam orada. Bunu hissediyor musun?

Ö: Doğru.
R: Evet, bu o. Ve bu sensin. Enerjinin genişlediğini hisset.
Ö: Oh, çok farklı.
R: Son derece. Evet, dinamik olarak sen, gerçekte olduğun sen. Pekala.
Ö: Ve o siyahlık ve onun üzerinde kontrole sahip olduğumu düşünüyorum ve ...
R: Pekala.
Ö: Ayrıca bu noktada biraz kontrol dışı olduğumu biliyorum.
R: Siyahlığı nerede hissediyorsun?
Ö: Siyahlığın bana geldiğinden çok benim ona girdiğimi sanıyorum, bundan emin değilim.
R: Onu nerede hissediyorsun? Senin dışında mı? İçinde mi? Gözlerini kapat, siyahlığı hisset. Onu nerede hissediyorsun?
Ö: Sanırım alt karın bölgemde ve sonra içine çekilmeye izin veriyorum.
R: Güzel. Öyleyse hissettiğini nasıl *düşünüyorsun*? Bu senin zihninde.....
Ö: Okey, işler.
R: Siyahlığı deneyimliyor musun? Ve olan şey, paraya bağlı siyahlık dışında hiç bir şey olmadığı duygusu. Ve her nasılsa bu siyahlığın kötülükle ilgisi var ve bu nedenle, onu almaya kesinlikle izin verilmiyor. Orada, bu değişimi hissediyor musun? Onu döndür, evet orada. Onu beyaza döndür, orada, tacının açıldığını hisset. Evet ve şimdi siyahlığa dışarı akabileceğini söyle. Enerjindeki farka dikkat et. Bir realite olarak kötülük duygusunu, fikrini salıvermelisin, çünkü o realite değil. O sadece ilginç bir bakış açısıdır. Pekala, Başka duygular?
Ö: Para ile ilgili baskın duygumun duygu karmaşası (çelişik duygular) olduğunu düşünüyorum.
R: Duygu karmaşası mı? Duygu karmaşası, evet. Duygu karmaşası (çelişik duygular) nedir? Bunu nerede hissediyorsun?
Ö: Solar pleksusumda ve alt çakralarımda hissediyorum.
R: Evet, bu planı bilmeme ile ilgili duygu karmaşası. Paranın anlamadığın bir şeye ait olduğu duygusu. Bu değişimi alt çakralarında mı hissediyorsun?
Ö: Evet.
R: Bu, senin farkındalık olduğun gerçeğine bağlı olmanın sonucudur ve farkındalık olarak, sen parasın, farkındalık olarak sen ayrıca güçsün ve tüm çakralar sen olan enerjiye bağlıdır. Orada, duygu karmaşası senin için hala var mı?
Ö: Hayır.
R: Güzel. Pekala, başka duygu?
Ö: Benim bir tane var.
R: Evet.
Ö: Zevk almama, hoşnutsuzluk ve utanma hissediyorum.

R: Çok iyi duygular, zevk almama, hoşnutsuzluk ve utanç. Bunu nerede hissediyorsun?
Ö: Sanıyorum hissettiğim yer....
R: Hisler olduğunu mu düşünüyorsun?
Ö: Hayır. Midemde ve akciğerlerimde.
R: Midende ve akciğerlerinde. Öyleyse, senin için para nefes almak ve yemek yemek. Utanç, onu dışarı çıkar, midenden uzaklaştır, dışarı çıkar. Evet, bunu hissediyorsun, mide çakranın enerjisinin şimdi açıldığını hissediyor musun?
Ö: Evet.
R: Güzel. Ve diğer duygu nedir?
Ö: Zevk almama, hoşnutsuzluk.
R: Zevk almama, hoşnutsuzluk. Akciğerlerinde. Zevk almama, çünkü bu parayı elde etmek için boğulman, tıkanman gerektiği anlamına geliyor. Bakış açından para kazanmak için kendini boğmalısın. Bu bir realite mi?
Ö: Evet.
R: Öyle mi?
Ö: Hayır, hayır, hayır.
R: Pekala.
Ö: Onu bir varlık olarak fark ediyorum....
R: Nasıl işlediğin mi?
Ö: Evet.
R: İyi. Öyleyse o nefesi dışarı çıkar ve hepsini nefesinle dışarı at. Güzel, şimdi içine parayı solu, nefesinle parayı içine çek. Güzel ve utancı nefesle dışarı at. Ve bedeninin her gözeneğinden parayı nefesle içine çek. Zevk almamayı dışarı at. Evet, şimdi bu nasıl hissettiriyor, biraz daha özgür?
Ö: Evet.
R: Güzel. Duygu hakkında konuşmak isteyen başkası var mı?
Ö: Korku.
R: Korku, diğer duygular nedir?
Ö: Endişe ve rahatlama.
R: Para sana rahatlama mı veriyor?
Ö: Evet.
R: Ne zaman?
Ö: Bana geldiği zaman.
R: İlginç bakış açısı. Endişe ve korku, önce bunları ele alalım, çünkü bunlar aynıdır. Korku ve endişeyi nerede hissediyorsun? Bedeninin hangi bölümünde?
Ö: Midemde.

R: Mide. Pekala, onu midenden dışarı ittir, senden 1 metre uzağa ittir. Sana nasıl görünüyor?
Ö: Sümüksü ve yeşil.
R: Sümüksü?
Ö: Evet.
R: Evet. Onun sümüksü ve yeşil olmasının nedeni nedir?
Ö: Çünkü onu kontrol edemiyorum.
R: Ah, ilginç bakış açısı, kontrol yok. Görüyorsun, "Ben kontrolüm" olmuyorsun, öyle değil mi? Kendine şöyle diyorsun, "Kontrol edemiyorum, kontrolde değilim". Bu, işlediğin altta bulunan varsayım. "Ben kontrolde değilim, ben kontrol değilim." Korku ve endişeyi çok iyi yarattın.
Ö: Evet.
R: İyi, sen harika ve ihtişamlı bir yaratıcısın, iyi yaptın! Yaratıcılığını tebrik ediyor musun?
Ö: Utançla, evet.
R: Ah, ilginç bakış açısı. Neden utançla?
Ö: Çünkü daha iyisini bilmiyordum.
R: Evet, ama daha iyisini bilmiş olman önemli değil. Önemli olan şey, şimdi senin yaratıcı olduğunu ve ihtişamlı bir yaratma işi yapmış olduğunu anlıyor olmandır, bu da farklı şekilde seçebileceğin ve farklı bir sonuç yaratabileceğin anlamına geliyor.
Ö: Bu disiplin gerektirir.
R: Disiplin mi? Hayır.
Ö: Şans ile.
R: Hayır, güç ile! Sizler güç olarak enerjisiniz, "Ben gücüm, ben farkındalığım, ben yaratıcılığım, ben kontrolüm, ben parayım." Tamam mı? Değişimi bu şekilde yaratırsın, olmuş olduğunuz "Ben...im" yerine, olduğunuz "Ben ...im" olarak. Para hakkında katılık bakış açısı yaratmış olduğunuz yere ve bunun nasıl hissettirdiğine bakmaya başlayın. Onun bedenin bir bölgesini etkilediğini hissettiğiniz zaman, kendinizden dışarı itin ve kendinize şöyle sorun, "İşlev yapt ğım, görmediğim altta yatan bakış açısı nedir?" Ve yanıtı almanıza izin verin. Ve sonra, yanıtın yalnızca ilginç bir bakış açısı olmasına izin verin.

Ve şimdi neyi seçebilirim? "Ben yaratıcılığım, ben kontrolüm, Ben gücüm, Ben parayım"ı seçiyorum. Eğer "Ben ...değilim"i yaratırsanız, "Ben yapamam"ı yaratırsanız, yapamazsınız. Ayrıca, yaratmış olduğunuz şey için kendinizi kutlayın ve onu büyük ve ihtişamlı bir zevk ile yapın. Yaratmış olduğunuz şeyde yanlış bir şey yoktur, onu büyük ve ihtişamlı bir zevk ile yapın. Ve onu kendi yargılamanız dışında yaratmış olduğunuz şeyde yanlış bir şey yoktur. Eğer siz tüm eşyalarını bir

torbada taşıyıp sokakta yaşayan bir bayan olsaydınız bu, şu anda sahip olduğunuzdan daha iyi bir yaratım mı olurdu yoksa daha kötü bir yaratım mı olurdu?
Ö: Daha kötü.
R: İlginç bakış açısı.
Ö: Eğer bilmiyorsanız değil.
R: Bu doğru, eğer bilmiyorsanız değil.
Ö: Bu doğru, eğer bilmiyorsanız değil. Şimdi seçime sahip olduğunuzu biliyorsunuz, yaratabilirsiniz. Şimdi, eğer yan kapı komşun sana bu hafta ödeme yapılmayacağını, çünkü "kırdığın parmaklıkları ödemek için tüm paranı alacağını" söylerse ne olur?
Ö: İlginç bir bakış açısı.
R: Tam olarak, bu ilginç bir bakış açısı, hepsi bu. Eğer buna direnç olursan veya tepki gösterirsen, bunu bir katılık haline getirirsin ve sonra komşun paranı alır.
Ö: Öyleyse, bize anlattığın şey, birileri negatif bir şeylerle çıkıp geldiği zaman....
R: Para hakkında herhangi bir bakış açısıyla geldiği zaman.
Ö: Tamam, bu ilginç bir bakış açısı.
R: Evet, bunu yaptığın zaman enerjini hisset.
Ö: Okey, ve sonra "Ben ..... im"e git.
R: Evet.
Ö: Anladım. Işık ağardı.
R: Ve bedeninde etkilenmiş bir bölge hissettiğin zaman, belirli bir bakış açısı, bir endişe veya korku, bu neyle ilgili?
Ö: Onu dışarı çıkarıp kendinden uzağa itmen lazım.
R: Evet. Ve midende endişe ve korku hissettiğin zaman, fazlasıyla beslenmeme hakkında mı konuşuyorsun?
Ö: Hayır.
R: İlgilenilmemiş olmak (beslenmemiş olmak) hakkında mı konuşuyorsun? Öyleyse, ne hakkında konuşuyorsun? Hakkında konuştuğun şey bedendir. Sanki o üçüncü boyut realitesiymiş gibi bedeninin bir fonksiyonu şeklinde parayı hissediyorsun. Para üçüncü boyut realitesi midir?
Ö: Hayır.
R: Hayır, değildir, yine de bunu öyle yapmaya çalışıyorsun. Para hakkındaki bakış açılarına bak, para güvenliktir, para evdir, faturalardır, para yiyecektir, barınaktır, elbiselerdir. Bu doğru mu?
Ö: Bunlar parayla satın aldığın şeyler.
R: Bunlar parayla satın aldığın şeyler, ama bunu seçimle yapıyorsun, öyle değil mi?
Ö: Ohh, gereklilik.

R: O on saniyelerde seçtiğin şey bu. Gereklilik, ha? İlginç bakış açısı. Giydiğin elbiseleri gereklilik ile mi seçiyorsun?
Ö: Evet.
R: Öyle mi yapıyorsun?
Ö: Evet, öyle.
R: Onlar hoş olduğu için veya seni güzel gösterdiği için onları seçmiyorsun?
Ö: Çoğunlukla onlar beni sıcak tutmak içindir.
R: Ve yazın ne oluyor peki, bikini giydiğin zaman?
Ö: Serin ve o zaman iyi görünüyorum (Kahkaha).
R: Pekala, öyleyse seçimler yapıyorsun, bir gereklilik değil, ama hissetmeyi dilediğin şey, evet mi? Hissetmek?
Ö: Evet, ama, ihtiyacın oluyor....
R: Ama! Bu sözcüğü fırlatıp at.
Ö: Eyvah. (Kahkaha). Ayakkabılara sahip olmak zorundasın.
R: Ayakkabılara sahip olmak zorunda olmaya nasıl geldin, yalınayak yürüyebilirsin.
Ö: Belki yürüyebilirim ama ....
R: Eminim yürüyebilirsin.
Ö: Onlara ihtiyacım var, dışarısı soğuk.
R: İhtiyaç, ha?
Ö: İç çamaşırı ve çoraplar...
R: İhtiyaç, ha?
Ö: Sahip olmak zorundasın.
R: Kim demiş? Bedeninle konuşamayacağını ve kendisini daha sıcak yapmasını isteyemeyeceğini nasıl biliyorsun?
Ö: O zaman ....'e ne dersin?
R: Senin bir varlık olarak, bedene bile ihtiyacın yok.
Ö: Peki, bu harika olurdu.
R: Bu harika.
Sınıf: (Kahkaha).
R: Evet?
Ö: Peki, yiyeceğe sahip olmak zorundasın, ayakkabılar giyersin.
R: Biz hiç bir şey giymeyiz. Gary ayakkabı giyer, ama bunun nedeni onun çok pısırık olması, ayakkabılar olmadan karda yürümez.
Sınıf: (Kahkaha).
R: Soğuk olduğunu düşünüyor.
Ö: Soğuk da.
R: Peki, bu ilginç bir bakış açısı. Soğuk istiyorsan Sibirya'yı denemelisin.
Ö: Ve çocukların, onlar acıktığı zaman?

R: Çocukların kaç kere acıktı?
Ö: Birkaç kere.
R: Ve ne kadar süreyle aç kaldılar?
Ö: Gece boyunca.
R: Ve sen ne yaptın?
Ö: Babamdan para aldım.
R: Sen yarattın, öyle değil mi?
Ö: Evet.
R: Yaratma yeteneğini kutladın mı?
Ö: Babama teşekkür ettim.
R: Peki, bu yaratmanın bir yolu. Yaratmak, yaratıcılık benliğin farkında olmaktır. "Ben yaratıcılığım" olun, "Ben farkındalığım" olun, "Ben gücüm" olun, "Ben kontrolüm" olun, "Ben parayım" olun. Siz direniyorsunuz; "*ama*", "*ihtiyaç*", "*neden*", "*yapmalısın*", "*bu bir gereklilik*", bunların hepsi "*Sahip olamam*" ve "*Hak etmiyorum*" bakış açılarıdır. Bunlar işlediğiniz altta yatan yerlerdir. Bunlar yaşamınızı yarattığınız bakış açılarıdır. Yaratmak istediğin yer burası mı?
Ö: Tamam, bunu parayla ilgili her bakış açısında görebiliyorum.
R: Evet, ama para, çünkü parayı farklı şekilde görüyorsun. Parayı tüm kötülüklerin kökü olarak mı görüyorsun?
Ö: Evet.
R: Bu kimin bakış açısı? Gerçekte, senin değil, benimsediğin bir bakış açısı. Şeytan bana bunu yaptırdı, hıh? Görüyorsun, bunu farklı olarak yarattığın, yaratıcılığının bir parçası olmayan bir realite.
Ö: Öyleyse kendine "Ben ...im"lerin hepsini söylersen, cebine para mı koyacak?
R: Cebine gelmeye başlayacak. Şüphe ettiğin her seferinde, yarattığın temeli yok ediyorsun. Bunu şu şekilde söyleyelim, kendine kaç kez "Para istiyorum" dedin?
Ö: Her gün.
R: Her gün. Para istiyorum. "Paradan mahrumum" diyorsun. Neyi yarattın?
Ö: Ama bu doğru.
R: Bu doğru mu? Hayır, yalnızca ilginç bir bakış açısı. Tam olarak söylemiş olduğun şeyi yarattın: Para istiyorum. Bunu bilinçsiz olarak yaptın, ama yarattın.
Ö: Peki, piyangoyu kazanmak istediysem ne olacak?
R: Eğer piyangoyu kazanmaktan mahrum idiysen, yaratacak olduğun şey tam olarak budur - piyangoyu kazanmaktan yoksun olmak.
Ö: Söylediğin şey algının gücü.
R: Sözlerinin gücü, farkındalığının gücü dünyanın realitesini yaratır. Basit bir egzersiz ister misin? "Para istemiyorum" de.
Ö: Bunun yerine başka bir şey seçebilir miyiz?

R: "Para istemiyorum" de.
Ö: "Para istemiyorum".
R: "Para istemiyorum" de.
Ö: "Para istemiyorum".
R: "Para istemiyorum" de.
Ö: "Para istemiyorum".
R: "Para istemiyorum" de.
Ö: "Para istemiyorum". Bu bana negatif görünüyor.
R: Gerçekten mi? "Para yoksunu değilim" negatif mi?
Ö: Ama, parayı isteriz.
R: Para istemiyorsun!
R: Bu doğru. Para istemiyorum. Bunun enerjisini hisset, "Para istemiyorum" derken nasıl hissettiğine bak. *İstemek* yoksun olmak anlamına gelir, tanımlamaya tutunmaya çalışmayı sürdürüyorsun. Ben parayım. "Param var" olamazsın, olmadığın bir şeye sahip olamazsın. "Para istiyorum" olarak zaten yaratıcılık oluyorsun ve bu nedenle yoksunluğun bolluğunu yarattın, öyle değil mi?
Ö: Evet.
R: Güzel, öyleyse şimdi "Para istemiyorum" diyebilir misin?
Ö: Para istemiyorum (Birçok kez tekrarladı).
R: Şimdi, enerjini hisset, daha hafifsin. Bunu hissediyor musun?
Ö: Evet, biraz başım döndü.
R: Başın döndü, çünkü yaratmış olduğun şey, onu yaratırken realitenin yapısının parçalanmasıdır. Hepiniz buna sahipsiniz; kendinize "Para istemiyorum" deyin ve daha hafif olduğunuzu hissedin ve hayatınızda daha fazla kahkaha hissedin.
Ö: "Ben zenginim" diyebilir misin?
R: Hayır!! Zengin nedir?
Ö: Mutluluk.
R: Gerçekten mi? Donald Trump'un mutlu olduğunu mu düşünüyorsun?
Ö: Hayır, paraca zengin değil.
Ö: Oh, para sahip olmak zorunda olduğumuz şeyi kontrol eder gibi.
R: Bu ilginç bir bakış açısı, bunu nereden aldın?
Ö: Çünkü ....
R: Bu bakış açısını nerden aldın?
Ö: ..... 'i düşünmekten bu fikri edindim.
R: Görüyorsun, bu düşünme şeyi, sıkıntıya girdin. (Kahkaha). İyi hissettirdi mi?
Ö: Hayır.
R: Hayır, İyi hissettirmez, bu doğru değil. Eğer "Ben zenginim" dersen, bu iyi hissettirir mi?

Ö: İyi hissettirirdi.
R: Oh, ilginç bakış açısı - iyi hissettirirdi? Nerden biliyorsun, zengin oldun mu?
Ö: Tamam, ... iken param vardı.
R: Zengin oldun mu?
Ö: Hayır.
R: Hayır. Zengin olabilir misin?
Ö: Evet.
R: Gerçekten mi? Sadece "Eğer olsaydım" diyebildiğin zaman nasıl zengin olabilirsin? Görüyorsun, geleceğe ve bunun beklentisine ve ne olması gerektiğine bakıyorsun, ne olduğuna değil.
Ö: Bu sanki sana para ödeyecek olan bir patronun varmış ve onun söylediklerini yapmak zorundaymışsın gibi.
R: Sana para ödeyen bir patronun var mı?
Ö: Şu anda yok ama....
R: Bu doğru değil, sana ödeme yapan bir patronun var ve sana çok iyi ödemiyor, çünkü yapabildiği şey için herhangi bir para almıyor. Sen osun, tatlım! Sen patronunsun. İşini yarat, yaşamını yarat ve onun sana gelmesine izin ver. "Yapamam, yapamam, yapamam." diyorsun, bu bakış açısını kim yaratıyor? Eğer "Yapamam ve anlamıyorum" yerine "Yapabilirim ve anlıyorum" dersen ne olur? Enerjine ne olur? Enerjini hisset.
Ö: Sadece çocukların para olmadan yemek yiyemeyeceği noktasına takılıp kaldım.
R: Parasız kalacağını kim söyledi? Sen söyledin, nefret ettiğin bir şeyler yapmadıkça paran olmayacağını varsaydın. Ne kadar sık olarak işe eğlence olarak bakıyorsun?
Ö: Asla.
R: Bakış açısı bu, altta yatan bakış açısı bu. Ve buna rağmen, işim kristal küreyle çalışmak diyorsun. Kendini asla eğlenirken görmüyorsun. Yaptığın şeyi seviyor musun?
Ö: Evet.
R: Yaptığın şeyi seviyorsan, nasıl oluyor da alıp kabul etmene izin veremiyorsun?
Ö: Henüz yeterince bilmiyorum, daha fazla bilgiye ihtiyacım var.
R: Daha fazla bilgiye ihtiyacın yok, on bin yaşamda kristal küre okuyucusu olarak emrine amade olana sahipsin. Oh bu çok boktan demenin yanında, şimdi öğrenmek ile ilgili ne söylemek zorundasın?
R: Suçüstü yakalandın, suçüstü yakalandın, saklanmak için gideceğin bir yerin yok.
Ö: Kürede gördüğüm şeyi okudum ve bu yanlıştı ve bir hıyar ağası gibi hissettim.
R: Evet. (Kahkaha). Doğru olmayacağını nerden biliyorsun?
Ö: Tamam....
R: Tamam?

Ö: Bilmiyorum.
R: O zaman, tekrar gelecekler mi?
Ö: Bilmiyorum.
R:Ve bunu sonraki insan için yaptığın zaman ve doğru yaptığın zaman, tekrar gelirler mi?
Ö: Evet, evet demek zorundayım.
R: Öyleyse, zaten bilmediğini nasıl söylüyorsun? Kime yalan söylüyorsun?
Ö: Ne?
R: Kime yalan söylüyorsun?
Ö: Bu, bu....
R: Kime yalan söylüyorsun? Kime yalan söylüyorsun?
Ö: Sana yemin ediyorum, gördüğüm şeyi bilmiyorum.
R: Bu doğru değil, bu doğru değil. ...şeyleri düşünüp sana geri gelen müşterilerin nasıl oluyor?
Ö: Öyleyse doğru olanı yaptım.
R: Evet, doğru olanı yaptın. Onu her zaman doğru yapmadığını düşündüren şey nedir? Sana geri gelmeyen kaç tane müşterin var?
Ö: Hiç.
R: Oğlum, şimdi bu zor bir vaka, o çok fazla ikna çabası gerektiriyor, öyle değil mi? O kesinlikle hayatında parası olmadığından, bolluk olmadığından ve bereket olmadığından emin olacak. İlginç bir patronun var. Sadece kendine iyi ödeme yapmamakla kalmıyorsun, kendini yeterince iş sahibi olarak bile onaylamıyorsun. Bu nedenle, iyi yaptığını bilmek için, tekrar tekrar gelen müşteriler yarattın. Hayatında sana bolluk getirecek kaç müşteri gerektiğini biliyor musun?
Ö: Belki haftada otuz.
R: Güzel, öyleyse haftada fazladan otuz kişinin mekanına gelmesine izin verebilir misin?
Ö:Evet, problem yok.
R: Problem yok.
Ö:Problem yok.
R: Emin misin?
Ö: Evet, bunda pozitifim.
R: Güzel, öyleyse kendine yüz bin dolar sahibi olma izni verebilir misin? Bir milyon dolar?
Ö: Evet.
R: On milyon dolar?
Ö: Evet.

R: Güzel, şimdi biraz değiştin, çok teşekkürler, hepimiz minnettarız. Sen yaratıcısın, harika ve ihtişamlı bir yaratıcı. Kürenden sevdiğin bir bilgi aldığın her sefer kendini kutla. İşini sevgiden yap, iş olma, eğlence ol. Yaptığın şeyde eğleniyorsun, iş yapmıyorsun. İş bok gibi hissettirir, eğlence eğlencedir ve bunu ebediyen yapabilirsin. Olan şeyi sen yaratırsın, başka hiç kimse değil. Benzin pompalayıp eğlenebilirsin, pencereleri yıkayıp eğlenebilirsin, tuvaletleri yıkayıp eğlenebilirsin. Ve bunun için sana para öderler, harika ve ihtişamlı bir bereketin olur. Ama, yalnızca bununla eğlenirsen. Eğer bunu iş olarak görürsen, zaten bunu nefret ettiğin bir şey olarak yarattın demektir. Çünkü bu planın ilgili olduğu şey budur: iş sıkıntıdır, zorluk ve acıdır. İlginç bakış açısı, ha?
Ö: Ne yapmak istediğini bilmiyorsan ne olacak?
R: Ama biliyorsun.
Ö: Biliyorum, ama daha önce, buna yönelmeden önce bilmiyordum.
R: Ve küreye nasıl yöneldin? Sezgiye ve görme yeteneğine bağlanmana izin verdin ve kozmostan vizyonuna uymasını ve sana arzuladığın şeyi vermesini istedin. Vizyon olarak sen yarattın, varlığının, bilişinin gücüne sahiptin, farkındalık olarak onun gerçekleşeceğinin kesinliği ve evrenin onu sana sağlamasına izin vermek. Bu nedenle, zaten önceden "Ben parayım" olmanın dört unsuruna sahipsin. Anladın mı?

4. BÖLÜM

Para sizde nasıl bir his uyandırıyor?

Rasputin: Güzel. Sonraki soru, sonraki soru için kim gönüllü olmak ister?
Öğrenci: Ben olacağım.
R: Evet. Sonraki soru nedir?
Ö: Para sizde nasıl bir his uyandırıyor?
R: Nasıl bir his uyandırıyor, evet bu doğru.
Ö: O zaman bu, para hakkında hissettiğin duygulardan farklı.
R: Peki, öyle olması gerekmiyor.
Ö: "Oh, harika" dedim.
R: Öyleyse para sana nasıl hissettiriyor?
Ö: Tam şimdi çok karmaşık hissettiriyor.
R: Karmaşık, kafa karıştırıcı gibi. Parayı, bu karışıklığı bir duygu olarak mı hissediyorsun?
Ö: Bir duygu ve bir düşünce.
R: Bir zihin hali, evet.
Ö: Evet.
R: Öyleyse, baş dönmesi olan şeyi konuştuğumuzu hatırlıyor musun?
Ö: Evet.
R: Taç çakranı açıp onun dışarı çıkmasına izin verdin mi? Kafa karışıklığı paranın yaratılmış bir imgesidir. Kafa karışıklığına sahip olmak için hangi varsayıma sahipsin? Bilmediğini varsaymak zorundasın. Varsayım, "Bilmiyorum ve bilmek zorundayım" olacaktır.
Ö: Bu nedenle karmaşık hissediyorum.
R: Bu doğru. Bilmiyorum, bilmeliyim. Bunlar kafa karışıklığı yaratan karşıt bakış açılarıdır ve sadece ilginç bakış açılarıdır. Bunların her birini söylediğin zaman değişimi hissediyor musun? Bilmek zorundayım, bilmiyorum. İlginç bakış açısı, bilmiyorum. İlginç bakış açısı, bilmek zorundayım. İlginç bakış açısı, bilmiyorum. İlginç bakış açısı, bilmek zorundayım. Bu kafa karışıklığı şimdi nasıl hissettiriyor?
Ö: Peki, ... gerçeği haricinde.
R: Elbette.
Ö: Benim için, tam şimdi, benim için perspektiflerin para ve enerji, güç ve yaratıcılık olması bir anlamda çok gerçek dışı görünüyor, kendi saflıklarında,

parayla uğraşmadığım zaman, biraz paraya sahip olmak zorunda olmadığım yerde çok berrak görünüyor.

R: Üzerinden işlediğin varsayım nedir?

Ö: Anlaşılmayan realite olduğu.

R: Tam olarak böyle.

Ö: Bu gerçek problem.

R: Bu problem değil, bu senin işlediğin varsayım, sana otomatik olarak bunun senin realitenden farklı olduğunu söylüyor. Senin varsayımın fiziksel realitenin, gerçekte kim olduğunun realitesi olan spiritüel realite ile aynı olmadığıdır. Bu saflık bu düzlemde mevcut değildir, bu saflığı bu düzleme asla getiremezsin.

Ö: Bu doğru.

R: Bunlar varsayımlar, bunlar realiteni yarattığın yanlış bilgiler.

Ö: Peki, ayrıca farklı realitelere sahip olan başka varlıkların olduğunun ve başka insanlar için herhangi bir karmaşa olmadığının görünen gerçeği de karmaşık. İnsanların kendileri, başka insanların bakış açıları, sokağımdaki insanlar, alışveriş merkezlerindeki insanlar.

R: Ve bu neyle ilgili, neden bahsediyorsun? Başka realitelerin bulunduğundan mı? Başka insanlar başka realitelere mi sahip? Evet, bazı şeyler var....

Ö: Farklı bir bakış açısından ve bu......

R: Onun söylemiş olduğu şeyler ile özdeşleşmeyen birileri var mı burada? Onların hepsi senin gibi aynı bakış açısına sahiptir.

Ö: Onların hepsinin kafasının karışık olduğunu mu söylüyorsun?

R: Evet. Onların hepsi spiritüel dünyayı, fiziksel realiteye getiremeyeceğini düşünüyorlar ve sokaktaki her insan tam olarak aynı bakış açısına sahip. Ve sadece bu bakış açısını benimsemeyenler, kesinlikle imkansız olduğunu varsaymayanlar, kendi realitelerini yaratabilirler ve hatta sadece onlar kendi realitelerini küçük şekillerle yaratabilirler.

Eğer hayatını para kazanmaya odaklarsan ve hayattaki tek amacın Donald Trump, Bill Gates olmak ise, önemi yok, aynı imaj. Aynı insan, farklı beden, aynı insan. Onların yaşamı para kazanmakla ilgili, yaptıkları her şey para ile ilgili. Neden onlar bu kadar çok para kazanmak zorundalar? Çünkü, sizin gibi, sonraki hafta onu tüketeceklerinden emindirler.

Ö: Bu onlar için sadece bir oyun değil mi?

R: Hayır, onlar için sadece bir oyun değil, onlar yeterince olmadığı ve ne yaparlarsa yapsınlar asla yeterincesine sahip olmayacakları bakış açısından işlev yapıyorlar. Bu sadece farklı bir standart, hepsi bu.

Ö: Bu insanların servetlerinden belirli bir özgürlük hissetmediklerini mi söylüyorsun?
R: Donald Trump'ın özgürlüğe sahip olduğunu mu düşünüyorsun?
Ö: Bir noktaya kadar, böyle olduğunu düşünüyorum.
R: Gerçekten mi? O limuzine binebilir, bu ona özgürlük verir mi yoksa ondan para almaya çalışan etrafındaki herkesten korunmak için fedaileri olmak zorunda olduğu anlamına mı geliyor? Ondan her gün para almaya çalışan 27 insanın olması ona özgürlük verir mi?
Ö: Özgürlük illüzyonu verir.
R: Hayır. Sana bunun özgürlük olduğu illüzyonunu verir. Buna sahip olmadığın için bunun özgürlük olduğunu sanıyorsun. O senden daha fazla özgür değil, o sadece ihtiyacı olmayan şeylere harcayacak daha fazla paraya sahip. Bunun onu daha büyük bir ruh yaptığını düşünüyorsun, çünkü o daha fazla paraya sahip?
Ö: Hayır, kesinlikle değil.
R: Bu onu daha küçük bir ruh mu yapıyor?
Ö: Hayır.
R: Oh, ilginç bakış açısına sahipsiniz. (Kahkaha). Hepiniz bunu düşünüyorsunuz, "Pekala, bu onu daha kötü yapıyor, çünkü onun daha fazla parası var" demeye cüret edemediniz.
Ö: Evet, haklısın.
R: Evet, düşündüğünüz şey buydu, bunu söylemediniz, ama düşündünüz.
Ö: Peki, bu onun etrafındaki her şeyi kontrol etmesine neden oluyor.
R: Gerçekten mi? Evet, o kontrol ediyor, güneşi kontrol ediyor, ayı, yıldızları kontrol ediyor, bu şeylerin tam kontrolüne sahip.
Ö: Ama insanları kontrol etmek .....
R: Oh, insanları kontrol etmek, bu sizin büyüklüğünüzün standardı.
Ö: Bu benim standardım değil, hayır, hayır, hayır. Bu benim standardım değil. Gates ve onun kazancı ve Trump ve onun kazancını konuşuyoruz, onun kontrolünü belirlemek için.
R: O kontrolde mi, gerçek mi?
Ö: Hayır.
R: Yoksa para ihtiyacı tarafından kontrol mü ediliyor? Onun hayatı tamamen daha fazla, daha fazla, daha fazla para yaratma gerekliliği ile sıkıştırılmış. Çünkü bu onun yeterli hissetmesinin tek yolu.
Ö: Ama ayrıca düşünüyorum ki onun emmek için yaydığı enerji....
R: Pekala, elimine etmek için söz dağarcığına kişisel olarak koyacağın başka bir sözcük var.
Ö: Nedir?

R: Ama.
Ö: Ama?
R: Ama. Birileri sana bir şeyler söylediği her seferinde, "ama" diyorsun. (Kahkaha).
Ö: Bu .... için doğru.
R: Bu birçoğunuz için doğru, size bir parça bilgi verildiği zaman, hemen karşıt bakış açısını yaratmaya başlıyorsunuz, çünkü bu size uymuyor veya aynı fikirde olmuyor. Çünkü ona izin vermeye direniyorsunuz veya tepki gösteriyorsunuz. Her şeyden önce, bu adamın parayla işliyor olması sadece ilginç bir bakış açısı.
Ö: Söylemek istediğim buydu ama .....
R: Hayır, sen başka bir bakış açısına sahipsin, ilginç bir bakış açısına, hepsi bu.
Ö: Evet, bunu öğreniyorum.
R: Bunun herhangi bir değeri yok. Para hakkında bir düşünce yarattığın her zaman, kendine bir sınırlama yaratıyorsun. Kendine! Ve bakış açının ne olduğunu başka birilerine söylediğin her seferinde, onlarda bir sınırlama yaratıyorsun. Özgürlük yaratmak, sonra özgür olmak istiyorsun. Özgürlük hiç de bir düşünce değildir!!

Sınırlama hakkında hiç bir düşünce olmadan, kolaylık, neşe ve ihtişam ile ışığın tümünü tezahür ettirseydin, dünya neye benzerdi? Eğer sınırsız düşünce, sınırsız yetenek ve sınırsız izin olsaydı, duvar yazıları olur muydu, evsizler olur muydu, savaş olur muydu, yıkım olur muydu, kar fırtınaları olur muydu?

Ö: Öyleyse, fark nedir, iklim mi olmazdı?
R: Kar fırtınaları hakkında düşüncen olmasaydı, iklim olurdu, kar fırtınaları olmak zorunda olmazdı. Televizyonunuzu dinleyin, zaman yakınlaştığında, size gelmekte olan kar olacağı zaman, evet bunlar tezahür eder, nasıl büyük bir fırtına çıkacağından konuşurlar. '96'nın fırtınası, '96'nın ikinci fırtınası burada büyük ve ihtişamlı bir kar fırtınası olacak ve yıkım olacak ve marketlere gidip daha fazla alışveriş yapsanız iyi olacak. Kaçınız bu bakış açısını benimsiyorsunuz ve hayatınızı bundan yaratmaya başlıyorsunuz?
Ö: Bunu satın almıyorum, öğleden sonrasını parkta geçirebilirim.
R: Bakış açısını benimsediniz, sözünü ettiğimiz şey bu. Hemen bunun doğru olduğuna karar verdiniz. Televizyonunuzu dinlemeyin, onlardan kurtulun. Ya da sadece tamamen beyinsiz olan o programları izleyin (Kahkaha). "Scooby Doo"yu izleyin. Çizgi filmleri izleyin, onlarda daha fazla ilginç bakış açısı var. Haberleri dinliyorsunuz, çok strese gireceksiniz ve paranın ne olduğu hakkında bir çok fikirlere sahip olacaksınız.

Pekala nerde kalmıştık? Okey, buraya geri dönelim. Kafa karışıklığı, şimdi kafa karışıklığını anlıyor musun?

Ö: Hayır.

R: Pekala. Burada anlamayı dilediğin başka neler var? Kafa karışıklığını sen yaratıyorsun.

Ö: Ben kimim? Bir beden miyim? Sen burada mısın? Burada başka birileri daha var mı? Bir gerçeklik var mı? Herhangi bir fark var mı? Varlık ne cehennemdir? Sen veya her şey saf enerji mi, ruh ve can arasında ayrılık yok, öyle mi, öyle mi, öyle mi? Herhangi bir şey hakkında söylenecek hiç bir şey yok, hepsi ıstırap, hepsi üzüntü, hepsi illüzyon, hepsi ayrılık ve hepsi kafa karışıklığı, bu nedir? Ne?

R: Yaratım.

Ö: Doğru.

R: Sen yarattın...

Ö: Öyleyse bu seviyede, yaratım olan bir şeyi yaratıyoruz, insanlar ki bu da bir yaratım ve ego benlik var, bu da bir yaratım ve insanlar para ve mekan olarak adlandırılan bir şey olduğunu düşünüyor, bu da bir yaratım ki şu anlama geliyor, eğer Wall Street'te isek veya New York Şehrinin 1996 ABD tarihini yapıyorsak, o zaman sen ve bu diğer insanların bir arada var olduklarında hemfikiriz. Bunu anlamıyorum.

R: Neden anlamıyorsun?

Ö: Başka herkes sen ve sen başka herkessin.

Ö: Bu anlamadığım bir şey.

R: Kendini ayrı olarak yaratıyorsun, kendini farklı olarak yaratıyorsun, kendini güçsüz olarak yaratıyorsun ve kendini öfke olarak yaratıyorsun.

Ö: Çok hayal kırıklığına uğradım.

R: Evet, ama gerçekte bunun altında yatan şey öfke.

Ö: Oh, evet.

R: Çünkü sen güçsüz hissediyorsun, bu senin işlediğin temel varsayım ve bu her zaman kafa karışıklığının temel varsayımıdır. Her kafa karışıklığı gücün olmadığı ve yeteneğin olmadığı fikrine dayanır.

Ö: Ama sahip değilim.

R: Sahipsin.

Ö: Sahip olmadığımı hissediyorum.

R: Hayatına bak, hayatına bak, ne yaratmış olduğuna bak. Görkemli miktarda para ile mi başladın? Bir saray ile başlayıp onu kaybettin mi? Ya da yarattın, yarattın ve sonra bununla ilgili kafan mı karıştı, bununla ilgili şüpheye mi düştün, bunu nasıl kontrol edeceğini bilmek ile ilgili güçsüzlüğe mi düştün ve sonra o senden uzaklaşmaya başladı, çünkü kafa karışıklığı yaratıyordun ve kendinle ilgili şüphe yaratıyordun?

Evet, hayatının gittiği yer buydu, ama bunların hiç biri gerçeğin değil. Bir varlık olarak sen hayatını yaratma tam gücüne sahipsin ve bunu yapabilirsin ve yapacaksın ve bu hayal edebileceğinden çok daha ihtişamlı şekillerde bir araya gelecek. Kendine inan, şu anda var olan realiteyi ve değiştirmeye istekli olduğun farkındalığı yaratmış olduğuna inan. Artık bu olmayı arzu etmiyorsun. Bunların hepsi farklı olmasına izin verme istekliliği gerektirir.

Ö: Öyleyse, hayat değişirse bu, bunun daha fazla Bosna'lar ve evsiz insanlar yaratan kafa karışıklığı bilinci olduğu anlamına gelmiyor mu? Eğer "Bu benim realitem değil, buna inanmıyorum, artık bunu seçmiyorum" dersem bu bilinç nereye gidiyor, yaratmış olabileceğim karanlık varlıklar veya televizyonda gördüğüm görüntülerden veya evsiz insanlardan çok ayrılmış olan kendimin bazı diğer kısımları nereye gidiyor?

R: Bu sorun değil, görüyorsun bunu dirençten yapıyorsun.

Ö: Doğru.

R: Doğru mu? Değişimin gerçekleşmesi için dirençten, tepkiden, uyumlanmadan veya hem fikir olmaktan değil, izin vermekten işlemelisin. İzin vermek....

Ö: Ona izin vermeye istekliyim, sadece nerede ..... anlamak istedim.

R: Sen dirençten işliyorsun, çünkü gerçekte var olmayan bir şeylerden anlamaya çalışıyorsun. Diğer insanlar da, kendi özgür irade ve seçimlerinde var olmayan bir şeyden yaratıyorlar, kabullenmenin, uyumlanmanın veya hemfikir olmanın, tepkinin veya direncin sürekliliği; izin vermekten işlemeliler. Hayatının işlevsel unsurları bunlardır ve bunları değiştirmek için izin vermekten işlemen gerekir. İzin vermede olduğun her zaman, etrafındaki herkesi değiştirirsin. Birileri kuvvetli bir bakış açısıyla sana geldiği ve sen "Ah, ilginç bakış açısı" diyebildiğin ve ona izin verdiğin her seferinde, dünyanın bilincini değiştirirsin, çünkü o bakış açısını benimsemezsin, onu daha katı hale getirmezsin, onunla hemfikir olmazsın, ona direnmezsin, ona tepki vermezsin, onu gerçeklik haline getirmezsin. Realitenin geçiş yapmasına ve değişmesine izin verirsin. Sadece izin vermek değişim yaratır. Başkalarına izin verdiğin kadar kendine izin vermelisin, aksi taktirde tüm mağazayı satın alırsın ve bunu kredi kartlarınla ödersin.

Ö: Öyleyse bu, dünya için tam pasiflik olmuyor mu?

R: Kesinlikle hayır. Şunu yapalım, hepiniz bunu bir dakika düşünün. Ama sen, burada kobay ol, tamam mı? Pekala. Hayatının kalanında yaşayacağın on saniyeler var, neyi seçeceksin? Hayatın sona eriyor, bir seçim yapmadın. Hayatının kalanında yaşamak için on saniyeleriniz var, neyi seçersin?

Ö: Seçmemeyi seçerim.

R: Seçmemeyi seçiyorsun, ama görüyorsun, herhangi bir şeyi seçebiliyorsun. Eğer yaratacağın sadece on saniyelerin olduğunu kavramaya başlarsan, realiteyi yaratmak için gereken on saniyelerdir. On saniyeler, bu, üzerinden işlemen gereken artışlardır. Eğer on saniyelerden işlersen, neşeyi mi yoksa hüznü mü seçerdin?

Ö: Hüznü almak zorunda olurdum.

R: Tam olarak öyle. Görüyorsun, realiteni hüzün seçiminden yarattın. Ve geçmişten seçtiğin veya gelecek beklentisinden seçtiğin zaman, hiç seçim yapmazsın, yaşamazsın ve hayatını yaşamazsın, devasa, tek parça bir sınırlama olarak var olursun. İlginç bakış açısı.

Ö: Evet.

R: Pekala, sonraki soru nedir? Listenizdeki iki numara, soru neydi unuttum?

Ö: Para sizde nasıl bir his uyandırıyor?

R: Para sizde nasıl bir his uyandırıyor?, evet, teşekkürler.

Ö: Benim için işin özü, sanırım bu düzlemde hapiste dövüşmek....

R: Ah, evet. Çok ilginç bakış açısı. Para hapiste dövüşmek gibi hissettiriyor. Bu kesinlikle bu odadaki herkesi tanımlıyor. Bu odada, bunu yaratmış oldukları realite olarak görmeyen birileri var mı?

Ö: Hapiste dövüşme?

R: Evet.

Ö: Ben görmüyorum.

R: Bunu görmüyor musun?

Ö: Biraz. Aslında bunun ne anlama geldiğini anlamıyorum.

R: Para kazanmak için sürekli mücadele etmiyor musun?

Ö: Oh, tamam.

R: Ve bunu bir hapis olarak hissetmiyor musun ve yeterincesine sahip olmadığını hissetmiyor musun?

Ö: Teslim oldum (Kahkaha).

R: Güzel.

Ö: Hepimiz benzer bir realitede olmalıyız.

R:Hepiniz aynı realiteyi yaşıyorsunuz. Bununla ilgili bir yorum bile yapmaya ihtiyacımız var mı?

Ö: Evet. S'den ne haber, onun değiş tokuş sistemiyle? [S: Öğrencilerden biri].

R: Bu onun kendi küçük hapishanesi değil mi?

Ö:Emin değilim, bununla ilgili nasıl hissediyorsun, S?

Ö: Evet, öyle.

R: Evet, öyle. Görüyorsun, herkes kendi bakış açısına sahip. S'ye bakıyorsunuz ve onun realitesini özgürlük olarak görüyorsunuz, ama o özgürlük olarak Donald Trump'a bakıyor. (Kahkaha).
Ö: Okey, bunun hakkında konuşmamız gerektiğini söylüyorsun.
R: İzin vermek. İlginç bakış açısı. Para tarafından hapsedildiğimi hissediyorum, bu bana hapishane gibi hissettiriyor. Size kadife gibi hissettiriyor mu? Size genişleme gibi hissettiriyor mu? Hayır. Küçülme gibi hissettiriyor. Bu bir realite mi yoksa seçtiğiniz şey mi, hayatınızı yaratmayı nasıl seçtiğiniz mi? Hayatınızı nasıl yaratmayı seçtiğinizdir. Duvarlardan daha fazla realite değildir. Ama duvarların katı olduğuna ve soğuğu dışarıda tuttuğuna karar verdiniz. Ve böylece duvarlar işe yarıyor. Ayrıca bu şekilde, aynı türde katılıkla, para hakkında sınırlamalarınızı yaratmıyor musunuz? İzin vermekten işlemeye başlayın, bu yaratmış olduğunuz tuzaktan çıkmanızın biletidir. Tamam mı? Sonraki soru.

5. BÖLÜM

Para size nasıl görünüyor?

Rasputin: Pekala, sonraki soru, para size nasıl görünüyor?
Öğrenci: Yeşil, altın ve gümüş.
R: Öyleyse, rengi var, uygunluğu var, katılığı var. Bu paranın gerçeği mi?
Ö: Hayır.
R: Hayır, para sadece enerjidir, hepsi bu. Fiziksel evrende aldığı şekli önemli ve katı hale getirdiniz ve onun etrafında paraya sahip olma yetersizliği yaratan, kendi dünyanızın katılığını yaratıyorsunuz.

Eğer para sadece gördüğünüz altın veya gümüş ise, o zaman boynunuzda bir sürü zincir olması daha iyi olur. Eğer para yeşil ise, yeşil elbiseler giyseydiniz, paranız olur muydu?
Ö: Hayır.
R: Hayır. Öyleyse, parayı bir şekil olarak değil, enerji farkındalığı olarak görmelisiniz, çünkü bu, paranın bütünlüğünü bolluk içinde yaratabileceğiniz hafifliktir.
Ö: Enerjiyi nasıl görüyorsun?
R: Enerjiyi bedeninizin her gözeneğine çektiğiniz zaman onu hissettiğiniz gibi, enerjiyi bu şekilde görürsünüz. Enerjiyi farkındalık hissiyle görürsünüz. Tamam mı?
Ö: Evet.
R: Sonraki soru.

6. BÖLÜM

Paranın tadı sizin için nasıl?

Rasputin: Şimdi, sonraki soru. Sonraki soru nedir?
Öğrenci: Paranın tadı nasıl?
R: Güzel. Bunu kim yanıtlamak ister? Bu eğlenceli olmalı.
Ö: Paranın tadı zengin, bitter çikolata gibi.
R: Hımm, ilginç bakış açısı. (Kahkaha).
Ö: Kağıt, mürekkep ve kir.
R: Kağıt, mürekkep ve kir, ilginç bakış açısı.
Ö: Kirli göz bağı.
Ö: Ağzımın kenarındaki tat alma cisimciği tükürük salgılamaya başladı.
R: Evet.
Ö: Tatlı ve sulu.
Ö: Kaygan pislik, elmalar ve şeftali ağaçları.
R: Güzel. Pekala. Öyleyse, siz insanlar için çok ilginç tadı var. Paranın hissettirdiğinden daha fazla ilginç tat verdiğine dikkat edin. Bunda daha fazla varyasyonlar var. Bunu neden böyle düşünüyorsunuz? Çünkü bunu bedensel fonksiyonunuz olarak yarattınız. S için, para yemek yemek, çikolata yemek ile ilgili. Evet, görüyorsunuz herkesin paranın bir şeyler gibi tat verdiği ile ilgili bakış açısı var. Bu kayganlık dilinizde kolayca akıyor, ilginç. Kolayca aşağıya iniyor mu?
Ö: Hayır.
R: İlginç bakış açısı. Neden kolayca aşağıya inmiyor?
Ö: Yapışıyor.
R: İlginç bakış açısı. Sert, külçe halinde, kıtır kıtır. Para hakkında gerçekten ilginç bakış açılarınız var.
Ö: Ama bunların hepsi aynı bakış açısı.
R: Hepsi aynı bakış açısı, bu beden ile ilgili.
Ö: Farklı görünse bile, o ....
R: Farklı görünse bile.
Ö: .... o çikolata dedi, ben bitter (çikolata) dedim, ama bu aynı.
R: Bu aynı, bu beden hakkında; beden ile ilgisi var.
Ö: Tat almanın var.
R: Gerçekten mi?
Ö: Evet.

R: Bedenin dışında tat alamaz mısın?
Ö: İngiliz sandvicinde değil.
R: Ama para, bunun bakış açısı, bedensel bir fonksiyon olarak gördüğünüz bir fonksiyon. Onu bir yaratım realitesi olarak değil, üçüncü boyut realitesi olarak görüyorsunuz. Onu katı, gerçek ve var olan bir madde olarak görüyorsunuz; tadı, şekli ve yapısı olan bir şey. Ama, eğer para enerjiyse, o hafiflik ve kolaylıktır. Eğer para beden ise, o ağır ve kayda değerdir ve ağır ve kayda değer, onu yaratmış olduğunuz yerdir, öyle değil mi?
Ö: Evet.
R: Tüm bakış açılarınızın geldiği yer burası değil mi?
Ö: Öyleyse, sen tadı sorduğun zaman, biz yine varsayımlara girdik.
R: Varsayımlar. Anında onun beden olduğunu, yaşadığınız yer olduğunu varsaydınız, o nasıl işlediğinizdir. Biliyorsunuz, para kaygan, kirli, para her türlü şey, mikropla dolu. Para hakkında ne kadar ilginç bir bakış açısı.
Ö: Bazen, o sıcak ve soğuk.
R: Sıcak ve soğuk mu? Gerçekten böyle mi?
Ö: Diğeri gibi, arkasında bunu taşıyan bu güven faktörü var, sanki altın bir standart...
R: Bu benimsediğin bir bakış açısı, bir düşünce. Bu bir realite mi? Artık değil!! (Kahkaha). Paranın arkasında herhangi bir şey var mı? Bir doları alın, arkasında negörüyorsunuz?
Ö: Hava.
R: Hiç bir şey, hava! Bol bol hava, onun arkasında bulunan şeyin hepsi bu (Kahkaha).
Ö: Bol bol sıcak hava.
R: Bol bol sıcak hava, tam olarak böyle (Kahkaha). Para hakkında konuşan insanları dinlediğin zaman, parayı sıcak hava olarak mı yaratıyorlar, ondan sıcak hava olarak mı bahsediyorlar? Evet, ama parayı nasıl yaratıyorlar? Para belirgin ve ağır ve kütleli, öyle değil mi? Bir ton tuğla gibi üzerinizdeki ağırlık. Bu realite mi? Kendiniz için parayı nasıl yaratmayı dilediğiniz mi? Güzel. Öyleyse, ona bakmaya başlayın, onu hissedin. Size para hakkında bir düşünce geldiğini işittiğiniz her zaman, hissedin. Bu, tüm diğer şeyler ile birlikte sizin ev ödeviniz. Para hakkında düşünce, fikir, inanç, karar veya tutumun enerjisini hissettiğiniz her zaman, bunun bedeninizin neresine çarptığını hissedin. Bunun ağırlığını hissedin ve onu ışığa çevirin. Onu ışığa çevirin, o sadece ilginç bir bakış açısıdır.

O sadece ilginç bir bakış açısıdır, hepsi bu, o bir gerçeklik değildir. Ama çok hızlı bir şekilde hayatınızın nasıl yaratılmakta olduğunu ve içindeki para akışlarını ve başka herkesin bakış açısını benimsemeye nasıl katıldığınızı görmeye başlayacaksınız. Bu şekillenmede siz neredesiniz? Gittiniz, kendinizi küçülttünüz, ortadan kaybolmanıza izin verdiniz ve para dediğiniz şeye uşak, köle oldunuz. Bu, soluduğunuz havanın gerçek olmasından daha gerçek değildir. Bir nefes almaktan daha belirgin değildir. Çiçekleri görmekten daha belirgin değildir. Çiçekler size sevinç getirir. Doğru mu? Çiçeklere bakarsınız, size sevinç verir. Paraya baktığınız zaman, ne alırsınız? Bunalmış, sıkılmış, orada dilediğim kadarı yok. Sahip olduğunuz para için asla minnettar olmazsınız, öyle değil mi?

Ö: Hayır.

R: Yüz dolar alırsınız, "Oh, bu bir faturayı öder, kahretsin, keşke daha fazlasına sahip olsaydım." dersiniz. (Kahkaha). "Hey, iyi bir şey mi kötü bir şey mi tezahür ettirdim?" demek yerine. Yarattığınız şeyi kutlamazsınız, "Yine yeterince elde edemedim" dersiniz. Bu ne anlatır? Bu, hayatınızda nasıl tezahür eder? Faturaya bakarsanız, yerde bir dolar para bulursanız, onu alırsınız ve cebinize koyarsınız, "Oh, bugün şanslıyım" dersiniz. "Oğlum, harika bir tezahür ettirme işi yaptım mı, kendim için biraz para akışı yaratma işi yaptım mı" diye düşünür müsünüz? Hayır, çünkü bu ihtiyacınız olduğunu düşündüğünüz on bin dolar değildi. Yine bu *ihtiyaç* sözcüğü.

Ö: Paranın tadı nasıldır?

R: Paranın tadı nasıldır?

Ö: Kirli.

R: Kirli mi? Hiç paran olmamasına şaşmamalı. (Kahkaha).

Ö: Tatlı.

R: Tatlı. Daha fazla paran var.

Ö: Güzel.

R: Güzel, tadı iyi, tasarrufunda biraz para da var.

Ö:Su gibi.

R:Su gibi, hızla gidiyor, su gibi, ha? (Kahkaha). Tam idrar yolundan. Başka bakış açıları nelerdir? Para hakkında başka bakış açıları olan birileri yok mu?

Ö: İğrenç.

R: İğrenç. Parayı en son ne zaman tattın?

Ö: Çocukken.

R:Tamam, çünkü küçük bir çocuk olarak sana paranın kirli olduğu, ağzına koymaman anlatıldı. Çünkü paranın iğrenç olduğu bakış açısını benimsedin. Paranın lezzet, iyilik olmadığı ve enerji olmadığı, kaçınılması gereken bir şey olduğu bakış açısını benimsedin. Çünkü o kirliydi, çünkü sana lezzet, iyilik sağlamıyordu. Ve bunu çok genç iken aldın ve bu bakış açısını ebediyen sürdürdün. Şimdi farklı seçebilir misin?

Ö: Evet.
R: Güzel. Bunun sadece ilginç bir bakış açısı olduğu realitesine sahip olmana izin ver. Paranın tadı nasıl olursa olsun. O bir katılık değil, enerji ve sen de enerjisin. Tamam mı? Dünyanı parayla ilgili sahip olduğun bakış açıları etrafında mı yarattın? Para kirlidir, iğrençtir, kirli bir insan olmak istemediğin için sınırlı miktarda mı paraya sahipsin? Bazen kirli olmak daha eğlencelidir, benim hayatımda öyleydi. (Kahkaha).

7. BÖLÜM

Paranın size doğru geldiğini gördüğünüz zaman, hangi yönden geldiğini hissediyorsunuz?

Rasputin: Pekala. Şimdi, sonraki soru. Sonraki soru nedir?
Öğrenci: Paranın hangi yönden geldiğini görüyorsunuz?
R: Güzel. Paranın hangi yönden geldiğini görüyorsunuz?
Ö: Önden.
R: Ön. Para her zaman gelecekte, ha? Paraya gelecekte bir zamanda sahip olacaksın, çok zengin olacaksın. Hepimiz bunu biliyoruz.
Ö: Ama bazen onun hiç bir yerden geldiğini görüyorum.
R: Hiç bir yerden iyi bir yerdir, ama hiçbir yer, hiçbir yer nerede? Herhangi bir yerden, paranın gelmesi için daha iyi bir yerdir.
Ö: Yukarısı hariç her yere ne dersin?
R: Neden onu sınırlıyorsun?
Ö:Biliyorum, bunu hiç düşünmedim.
R: Hiç düşünmedin, yağmurun ... olarak gelmesi okeydi.
Ö:Hayır, yağmuru gördüm, ama onun yerden geldiğini düşünmedim. Senin kendi para ağacın.
R:Evet, bırak para senin için her yerde büyüsün. Para her yerden gelebilir, para her zaman oradadır. Şimdi, bu odadaki enerjiyi hissedin. Para olarak yaratmaya başlıyorsunuz. Enerjilerinizdeki farkı hissediyor musunuz?
Sınıf: Evet.
R: Evet, paranın nereden geldiğini görüyorsun?
Ö: Kocamdan.
Sınıf: (Kahkaha)
R: Kocam, başkaları, başka nerden?
Ö: Kariyer.
R:Kariyer, çok çalışmak. Burada sözünü ettiğin hangi bakış açısı? Eğer bunun başka insanlardan geldiğini ararsan, o insanlar nerede yerleşik? Önünde mi, yanında mı, arkanda mı?
Ö:Arkamda.
R: Eğer o senin eski kocan ise.

Ö: Eski kocam.

R: Evet, öyleyse yaşamını kazanmak için geçmişe bakıyorsun, ondan almaya. Yarattığın yer burası mı?

Ö: Hayır, ama düşünüyorum da.....

R: Evet, pekala. Yalan söylüyorsun. Her şeyden önce, bu odadaki her yeri al ve bu odadan enerji çek, önünden, bedeninin her gözeneğinden, enerjiyi bedeninin her gözeneğine çek. Güzel ve şimdi, enerjiyi arkandan çek, bedeninin her gözeneğine. Güzel. Ve şimdi, enerjiyi her iki yanından çek, bedeninin her gözeneğine. Ve şimdi enerjiyi altından çek, bedeninin her gözeneğine. Ve şimdi enerjiyi bedeninin üstünden çek, bedeninin her gözeneğine. Ve şimdi her yerden gelen enerjiye sahipsin, para başka bir enerji formudur, şimdi bu enerjiy para enerjisine çevir, her yönden bedeninin her gözeneğine geliyor.

Çoğunuz, bunu nasıl katı hale getirdiğinizi fark edin. Onu hafifletin, onu tekrar aldığınız enerji haline getirin. Ve şimdi onu para haline getirin. Güzel, bu daha iyi, bu şekilde para olursunuz, parayı bedeninizin her gözeneğine akıtırsınız. Paranın başka insanlardan geldiğini görmeyin, başka mekanlardan geldiğini görmeyin, işten geldiğini görmeyin; onun akmasına izin verin. Ve şimdi bedeninizin her bölümünden akışı durdurun. Ve şimdi yapabildiğiniz kadar çok önünüzden dışarı enerji akıtmanızı istiyoruz. Onu dışarı akıtın, dışarı akıtın, dışarı akıtın. Enerjiniz azalıyor mu? Hayır, azalmıyor. Hissedin, siz enerjiyi önünüzden dışarı akıtırken, enerji arkanızdan giriyor.

Enerjinin sonu yoktur, akmaya devam eder; para da aynı şekilde. Şimdi, enerjiyi her yerden bedeninizin her gözeneğine çekin. Güzel, tam orada. Ve şimdi, enerjiyi her yerden çekerken, enerjinin ayrıca dışarı her yere gittiğini fark edin, enerji durağan değildir. Şimdi, enerjiyi paraya çevirin, para enerjisinin etrafta uçuştuğunu görmeye başlayacaksınız, etrafınızda her yerde. Evet, o içeri girer, dışarı çıkar ve her yerdedir. Hareket etmeye devam eder, para enerjidir - sizin gibi. Para sizsiniz, siz parasınız.

Pekala, şimdi, akışı durdurun. Şimdi önünüzden odadaki herkese para akıtın, yüzlerce dolar para. Onu dışarı akıtın, muazzam miktarlarda para, onların muazzam miktarlarda para elde ettiğini görün, onu dışarı ak tın, dışarı akıtın, dışarı akıtın, dışarı akıtın. Dikkat edin, hala arka taraftan enerjiyi çekiyorsunuz ve eğer izin verirseniz, önünüzden dışarı akıttığınız kadar enerji arkanızdan gelecektir ve siz hala bunu para olarak yapıyorsunuz. Bu size bir fikir veriyor mu? Bir faturayı ödeyecek kadar paraya sahip olmadığınızı düşündüğünüz zaman, parayı dışarı akıtmak zordur, çünkü arka tarafınızı kapattınız ve parayı almaya istekli değilsiniz. Para dışarı aktığı kadar içeri girer, yarın yeterince para olmayacağı bakış açınızla onu bloke ettiğiniz zaman, kendinizde bir yetersizlik, güçsüzlük yarattınız. Ve kişisel olarak yarattıklarınızdan başka yetersizliğe, güçsüzlüğe sahip değilsiniz. Pekala, herkes bunu anladı mı? Sonraki soru.

8. BÖLÜM

Parayla ilişkili olarak, ihtiyacınız olandan daha fazla paraya mı sahip olduğunuzu hissediyorsunuz yoksa ihtiyacınızdan daha azına mı sahip olduğunuzu hissediyorsunuz?

Rasputin: Pekala. Sonraki soru.
Öğrenci: Parayla ilişkili olarak, nasıl hissediyorum, "İhtiyacım olandan fazlasına mı sahibim yoksa ihtiyacım olandan azına mı?"
R: Evet. Parayla ilişkili olarak ihtiyacınız olandan daha fazlasına mı sahip olduğunuzu yoksa ihtiyacınız olandan daha azına mı sahip olduğunuzu hissediyorsunuz?
Ö: Daha azı.
Ö: Daha azı demek zorundaydım.
Ö: Herkes daha azı dedi.
R: Evet, peki bu verildi, ha? Yeterincesine sahip olduğunu düşünen tek bir kişi yok. Çünkü parayı her zaman bir *ihtiyaç* olarak görüyorsunuz, her zaman yaratacağınız şey nedir? İhtiyaç, yeterince yok.
Ö: Ama, yarın faturaları ödemeye ne demeli?
R: Evet, görüyorsun, her zaman yarın faturayı nasıl ödeyeceğine bakıyorsun, tam olarak bu, çok teşekkürler. Bu her zaman o şeyi yarın nasıl ödeyeceğin ile ilgili. Bugün yeterincesine sahip misin? Evet.
Ö: Okey miyim?
R: "Ben okeyim", bunu kim söylüyor? İlginç bir bakış açın var, Ben okeyim. Ben harikayım, ben ihtişamlıyım ve şimdi daha fazla yaratıyorsun.

Param olağanüstü, parayı çok seviyorum, arzu ettiğim kadar paraya sahip olabilirim. Onun gelmesine izin verin. Bugün paraya sahip olduğunuz gerçeğine şükredin, yarın için endişelenmeyin, yarın yeni bir gündür, yeni şeyler tezahür ettirirsiniz. Fırsatlar size gelir, doğru mu?

Şimdi, mantra: "Hayatın tümü bana kolaylık, neşe ve ihtişam ile gelir" (Sınıf mantrayı birkaç kez tekrarlar.) İyi, şimdi bu enerjiyi hissedin, "Ben gücüm, Ben farkındalığım, Ben kontrolüm, Ben yaratıcılığım, ben parayım" ile aynı değil, öyle mi?

Ö: Ve sevgi?

R: Ve sevgi. Ama siz her zaman sevgisiniz, her zaman sevgi oldunuz ve her zaman sevgi olacaksınız, bu belirli.

Ö: Neden öyle?

R: Neden mi belirli? İlk başta kendinizi nasıl yarattığınızı düşünüyorsunuz? Sevgiden. Bu yere sevgiyle geldiniz. Kolaylıkla sevgi vermediğiniz tek insan kendinizsiniz. Kendinize bu sevgi olun, siz parasınız, siz neşesiniz ve siz kolaylıksınız.

9. BÖLÜM

Parayla ilişkili olarak, gözlerinizi kapattığınız zaman, para hangi renkte ve kaç tane boyuta sahip?

Rasputin: Parayla ilişkili olarak, gözlerinizi kapattığınız zaman, para hangi renkte ve kaç tane boyuta sahip?
Öğrenci: Üç boyut.
R: Mavi ve üç boyut, ha.
Ö: Çok boyutlu?
Ö: Yeşil ve iki boyutlu.
Ö: Yeşil ve üç.
R: İlginç, birçoğunuz için para sadece iki boyutlu. Birkaçınız çok boyutlu dediniz. Bazılarınız üç boyutlu dedi.
Ö: Sonuna kadar açık uzay.
R: Sonuna kadar açık uzay bir parça daha iyi. Sonuna kadar açık uzay paranın olması gereken yer, bunun enerjisini hissedin. O zaman para her yerden gelebilir, gelemez mi? Ve para her yerdedir. Parayı sonuna kadar açık uzay olarak gördüğünüz zaman, hiç kıtlık yoktur, öyle değil mi? Paranın azalması yoktur, şekli yoktur, yapısı yoktur, belirginliği yoktur.
Ö: Ve rengi?
R: Ve rengi yoktur. Çünkü siz ABD dolarlarına bakıyorsunuz, altına ne dersiniz? Altın yeşil mi, üç kenarı var mı? Hayır. Gümüşe ne dersiniz? Onun bazen gökkuşağı gibi renkleri vardır, ama bu bile yeterli değildir. Ve o sıvı mıdır? Sıvı renklere sahip misiniz?
Ö: Hayır.
R: Mağazadaki adama ne dersiniz? Onunla hangi şekilde konuşmak isterdiniz? Mağazaya satın almak için mi gidiyorsunuz? Hangi varsayım.....
Ö: Bu pahalı.
R: Evet, o sonuna kadar açık alandır, ancak biz, asla düşünmediğiniz kadar çok paranın size gelmesine, buna sahip olmaya kendinize izin vermeniz hakkında konuşuyoruz. Parayı asla düşünmemek. Mağazaya gittiğiniz zaman satın aldığınız her bir ürünün fiyatına bakıyor musunuz ve harcamaya yetecek kadar paranız olup

olmadığını görmek için ne kadar tuttuğunu bilmek için toplamını hesaplıyor musunuz?
Ö: Bazen kredi kartı ekstrelerimi açmaya korkuyorum.
R: Tam olarak. Ne kadar borcunuz olduğunu bilmek istemiyorsanız, o kredi kartı ekstrelerini açmayın. (Kahkaha). Çünkü onları ödeyecek paraya sahip olmadığınızı bilirsiniz. Otomatik olarak bunu varsaydınız.
Ö: Sadece ona bakmak istemiyorum.
R: İstemiyor musun?
Ö: Ona bakmak.
R: Onu yaz, onu yaz.
Ö: İstek, istek, istek.
R: İstek, istek. Onu yaz, yırtıp at. Artık *istek* yok, *ihtiyaç* yok, izin verilmiyor. Tamam mı?

10. BÖLÜM

Parayla ilişkili olarak, hangisi daha kolay, paranın gelmesi mi yoksa sizden gitmesi mi?

Rasputin: Pekala. Şimdi, sonraki soru.
Öğrenci: Parayla ilişkili olarak, hangisi daha kolay, paranın gelmesi mi yoksa gitmesi mi?
R: Paranın gelmesinin daha kolay olduğunu söyleyen tek bir kişi var mı burada?
Ö: Söylerlerse yalandır. (Kahkaha). Kolay olmadığını biliyorum.
R: Kredi kartı borçlarına bakmadığın gerçeğini düşünerek, bu kesinlikle doğru değil.
Ö: Hangisi olduğuna emin değilim.
R: Emin değilim, ilginç bir bakış açısı. Pekala. Öyleyse, hepiniz için, paranın dışarı aktığı fikri çoğu zaman tutunduğunuz en belirgin bakış açısıdır. Parayı harcamak çok kolaydır, çalışmak çok zordur, para kazanmak için çok çalışmak zorundayım. İlginç bakış açısı. Şimdi, bu bakış açılarını kim yaratıyor? Siz!!

Öyleyse, parayı hissedin, enerjinin bedeninize geldiğini hissedin. Pekala, enerji her yerden geliyor, onun geldiğini hissedin. Tamam, şimdi enerjiyi önünüzden dışarı akıtın, onun arkanızdan girdiğini hissedin ve enerji çıkışının ve girişinin eşit olmasına izin verin. Şimdi, yüzlerce doların önünüzden dışarı aktığını hissedin ve yüzlerce doların arkanızdan girdiğini hissedin. Güzel. Binlerce doların önünüzden dışarı aktığını, binlerce doların arkanızdan girdiğini hissedin. Birçoğunuzun bunda nasıl biraz katı olduğunuzu fark edin. Hafifleyin, bu sadece para, bu belirgin değil ve bu noktada bunu cebinizden çıkarmak zorunda bile değilsiniz. Şimdi, milyonlarca dolar önünüzden dışarı aksın ve milyonlarca dolar arkanızdan içinize aksın. Milyonlarca dolar akıtmanın, binlerce dolar akıtmaktan daha kolay olduğuna dikkat edin. Çünkü ne kadar paraya sahip olabileceğiniz ile ilgili bir belirginlik yarattınız ve orada milyonlarca dolarınız olduğunda arkada kalan belirginlik yok.
Ö: Neden?
R: Çünkü bir milyonunuz olacağını düşünmüyorsunuz, bu nedenle bu alakasız. (Kahkaha).
Ö: Peki, paranın arka taraftan gelmesine izin vermekte daha fazla sıkıntı çektim.

R: Sen kesinlikle paranın içeri akmasına izin vermeye istekli olmaktan çok, paranın dışarı akmasına izin vermeye daha fazla isteklisin. Bu bir başka ilginç bakış açısı. Şimdi, dışarı akan enerji, içeri akan enerjiye eşit mi? Evet, sözüm ona. Ama enerjinin sınırı yok ve kendi yarattığınız dışında paranın da sınırı yok. Hayatınızdan siz sorumlusunuz, hayatınızı siz yaratırsınız ve onu seçimlerinizle, size karşıt olan bilinçsiz düşüncelerinizle, varsaydığınız bakış açılarıyla yaratırsınız. Ve bunu gücünüzün olmadığını, olduğunuz enerji olamayacağınızı düşünme yerinden yaparsınız.

11. BÖLÜM

Para ile sahip olduğunuz en kötü üç problem nedir?

Rasputin: Şimdi, sonraki soru nedir?
Öğrenci: Para ile sahip olduğunuz en kötü üç problem nedir?
R: Oh, bu iyi bir soru. Bunun için kim gönüllü olmak ister?
Ö: Ben isterim.
R: Pekala, burada, evet.
Ö: Hiç param olmamasından çok korkuyorum.
R: Ah evet, peki, korkudan bahsettik, tamam mı? Öyleyse, bunu tekrar konuşmamıza gerek var mı? Herkes bunu iyice anladı mı? Tamam, sonraki.
Ö: Bir sürü şey satın almak istiyorum.
R: Ah, ilginç bir bakış açısı, bir sürü şey satın almak. Bir sürü şey satın almakla ne elde edeceksin? (Kahkaha). Yapacak çok şey, bakmak gereken bir sürü şey, hayatını bir sürü şeyle doldurursun. Ne kadar hafif hissediyorsun?
Ö: Yükle dolu ve o zaman kendimi komşulara, doğum günlerinde filan verirken buluyorum.
R: Evet. Öyleyse bir sürü şey satın almanın değeri nedir?
Ö: Bu kanımda var.
R: Öyleyse, bunun düşüncelerinden biri olma noktasına nasıl geldin?
Ö: Çünkü bu canımı sıkıyor.
R: Satın alman mı canını sıkıyor?
Ö: Evet.
R: Güzel. Öyleyse, satın alma arzusunu nasıl yenersin? Güç olarak, farkındalık olarak, kontrol olarak ve yaratıcılık olarak. Ve satın alma ihtiyacı hissettiğin yere gelirken, satın almanın nedeni yeterince enerjiye sahip olmadığını varsaymandır. Kendine enerji getir. Eğer satın alma alışkanlığını yok etmek istiyorsan, sokaktaki evsiz insanlara para ver veya bir hayır kurumuna para bağışla. Çünkü yapmış olduğun şey, sana çok fazla paranın geldiğine karar vermiş olmandır. Ve bu nedenle bakış açından dolayı akışı eşitlemekten emin olmalısın. Bunu nasıl yaptığını görüyor musun?
Ö: Evet, aslında çok fazla içeri akışa sahibim.

R: Evet. Öyleyse, dışarı akışın tersine çok fazla içeri akış olabilir mi? Hayır, bu yaratılmış bir realitedir. Ve orada bulundurduğunuz şey ve varsaydığınız şey, eğer çok fazla paraya sahip olursanız spiritüel olmadığınız, tanrısal gücünüze bağlı olmadığınızdır. Gerçekte, bunun önemi yoktur, önemli olan şey hayatınızı nasıl yarattığınız ile ilgili yaptığınız seçimlerdir. Eğer enerji olarak yaratırsanız, eğer güç olarak yaratırsanız, farkındalık olarak yaratırsanız, kontrol olarak yaratırsanız, hayatınızda neşe olur, ilk etapta ulaşmaya çalıştığınız şey budur. Kolaylık, neşe ve ihtişam, bu arzuladığınız şeydir, peşinde olduğunuz şeydir ve gittiğiniz yerdir. Ve bu, eğer bu gece size verdiğimiz talimatları izlerseniz, hepinizin ulaşacağı şeydir. Pekala. Şimdi, tüm soruları gözden geçirdik mi?

Ö: Sadece aynı şey, eğer param varsa ve başkalarının parası olmadığını hissedersem, onlara vermem gerekir. Ve bu nedenle çok fazla param olmaz veya onun hakkında kaygılanırım.

R: Onlara enerji verirsen ne olur?

Ö: Para vermek yerine onlara enerji vermek mi?

R: Evet, bu aynı şeydir.

Ö: Öyleyse, alt geçitte adamlar dilendikleri zaman, sadece .... (Kahkaha).

R: Peki, sen sadece....

Ö: Bir dolar istiyorlar ve sen sadece....

R: Bu gece burada enerjiyi içine çekmedin mi?

Ö: Evet.

R: Enerjiyi yemedin mi? Yemek yemenin amacı nedir? Enerji elde etmek. Paranın amacı nedir? Enerjiye sahip olmak. Nefes almanın amacı nedir? Enerjiye sahip olmak. Hiç fark yok.

Ö: Farklı görünüyor.

R: Sadece siz karar verdiğiniz ve onu farklı yarattığınız için. Varsayım, onun farklı olduğudur.

Ö: Bu doğru.

R:Ve siz bunu varsaydığınız zaman, o pozisyondan yaratmaya başlarsınız, bu da para yoksunluğu ve enerji yoksunluğu yaratır.

Ö: Ama bu bana pek de doğru görünmüyor, çünkü varsaydığım şeyin bir parçasının benim bir insan varlığı olmam olduğu görünüyor...

R: Peki, bu kötü bir varsayım.

Ö: Ekmek, su, zaman, hükümet gibi yaratımları olan bir insan toplumunda yaşıyorum...

R: Öyleyse kendini bir beden olarak yaratıyorsun.

Ö: Kendimi 1996'da, New York'da S olarak yaratıyorum, evet.

R: Kendini bir beden olarak yaratıyorsun. Gerçekte olmayı dilediğin yer bu mu? Orada mutlu musun?
Ö: Şey...
R: Hayır!
Ö: Bedenin dışında olduğum zaman, çok daha kötü görünen yerler vardı, bu o problemi nasıl çözebileceğini görmek için iyi bir durma noktası gibi görünüyordu. Bu arada bu oldukça kötü haberdi...
R: Doğru. Ama kendi bakış açınla, nerede olursan ol, içinde olduğun realiteleri yaratıyorsun.
Ö: Bana bu şekilde görünmüyor, başkalarının benimle birlikte veya benim için, benim üzerimde yarattıkları görünüyor. Bunu tamamen söyleyebildiğimi sanmıyorum, böyle düşünmüyorum, belki, ama böyle düşünmüyorum.
R: Söylediğimiz şeyi kontrol etmiyor musun?
Ö: Söylediğin şeyi. Demek istediğim, sen ve ben bir şekilde bağlıyız....
R: Evet.
Ö: ..... ve herkes ....., ama ..... ve .... paradoks şu ki sen sensin ve ben bunu merak etmiyorum, sen spiritüel bir varlıksın.
R: Sen de öyle.
Ö: Ve sen S'sin (başka bir öğrenci) ve sen S'sin (bir diğer öğrenci) ve biz burada birlikte realiteyi paylaşıyoruz, bizler 1996'da New York'dayız, öyle değil mi? Ama bir şekilde seninleyim, sen olduğumu düşünmüyorum.
R: Bu doğru, bu konuşmakta olduğumuz şey, düşünmüyorsun. Düşündüğün her zaman..
Ö: Bir problemim var.
R: Bir problemin var.
Ö: Bunu anladın (Kahkaha).
R: Öyleyse beynini fırlatıp at, o faydasız bir döküntü parçası.
Ö: Ve sadece çatıdan atla.
R: Ve çatıdan atla ve olduğun varlık olarak havada süzülmeye başla. Beynini fırlatıp attığın zaman ve düşünce sürecini durdurduğun zaman, her düşüncenin elektriksel bir bileşeni var, bu realiteni yaratır. "Ben buyum," Ben bir bedenim" diye düşündüğün her seferinde, tam olarak olduğun şey budur. Sen S değilsin, bu zamanda S'nin bir görünüşüsün, ama milyonlarca başka yaşamın oldu ve milyonlarca diğer kimliklerin oldu. Ve tam şimdi sen hala onlar oluyorsun. Bilincin, onun en büyük kısmı da bakış açından, tam burada, tam şimdi. Bu da bir realite değildir. Realitenin bu anda tam bilincin ile yaratıldığı düşüncesinden bağlantın koptuğu ve başka fikirlere, başka bakış açılarına ve başka insanların tutumlarına, inançlarına, kararlarına ve fikirlerine sahip olduğun yeri görmeye başladığın

zaman, bu plana, şimdi düşünce sürecinden yaratmaya çalıştığın herhangi bir şeyden daha büyük bir realite verebileceğin o diğer boyutlara bağlanmaya başlarsın. Ve gerçekten gitmeyi arzu ettiğin yer budur.

Düşünmek yaşamayı engeller, çünkü o yaratıcı bir proses değildir, bir tuzaktır. Sonraki soru.

12. BÖLÜM

Hangisine daha çok sahipsiniz, para mı borç mu?

Rasputin: Sonraki soru.
Öğrenci: Hangisine daha çok sahipsiniz, para mı borç mu?
R: Hangisine daha çok sahipsiniz?
Ö: Borçlar.
Ö: Borçlar.
R: Borçlar, borçlar, borçlar, borçlar. İlginç, herkesin borçları var, bu neden? Neden borçlarınız var? *Borç* sözcüğünü hissedin.
Ö: Oh, bu ağır.
Ö: Evet.
R: Bir ton tuğla gibi hissettiriyor. Size onu nasıl hafifleteceğiniz ile ilgili biraz ipucu veriyoruz. Çünkü borçlar sizin üzerinizde öyle bir ağırlıkta oturuyor ki, onun sizinle ilgili en önemli, en belirgin şey olduğu bakış açısını benimsiyorsunuz, öyle değil mi? Çünkü o ağır, çünkü o belirgin, çünkü o katı - ona ekleme yapıyorsunuz, ona ekleme yapıyorsunuz, çünkü borca girmenin okey olduğu fikrini benimsiyorsunuz, insanın borç içinde olması gerektiği fikrini benimsiyorsunuz ve borca girmeden yeterli paraya sahip olamayacağınız fikrini benimsiyorsunuz. Bu gerçek mi?
Ö: Hı hı.
R: İlginç bakış açısı. Bu gerçek mi?
Ö: Evet, bu şekilde düşünmeye alıştım.
R: Güzel, peki, artık böyle mi düşünüyorsun?
Ö: Hayır.
R:İyi. Pekala, öyleyse faturalarınızdan ve borçlarınızdan nasıl kurtulursunuz? Geçmiş harcamalarınızı ödeyerek. Geçmiş harcamalarınızı bir katılık haline getirebilir misiniz? Onu hissedin, borç gibi hissettiriyor mu?
Ö: Onunla ilgili yargım yok.
R:Yargı yok, tam olarak. Ve buna rağmen kendinizi borcunuz ile ilgili yargılıyorsunuz, öyle değil mi? Ve, kendinizi yargıladığınız zaman, sizi tekmeleyen kim?
Ö: Kendim.

R:Doğru. Öyleyse, borç yarattığınız için neden kendinize kızgınsınız? Peki, öyle olmalısınız. Siz harika ve ihtişamlı borç yaratıcısısınız, siz bir yaratıcısınız, ihtişamlı borçlar yarattınız, öyle değil mi?
Ö: Oh, evet.
R:Çok ihtişamlı borç, borcu kutlamada iyiyimdir! Pekala, öyleyse borç olarak olduğunuz ihtişamlı yaratıcıyı görüyorsunuz. Geçmiş harcamalarınızı ödemek için olduğunuz ihtişamlı yaratıcı olun. Geçmiş harcamalardaki hafifliği hissedin, bilincinizde bu şekilde değişim yaratırsınız. Hafiflik alettir, siz ışıksınız, siz para olarak ışık varlığısınız, kendi bilincinizde ve etrafınızdaki herkeste bir geçiş ve değişim yaratırsınız. Ve içinde yaşadığınız bölgenin bütünlüğünü değiştirmeye başlayan dinamik bir enerji yaratırsınız ve parayı nasıl aldığınızı, paranın size nasıl geldiğini ve hayatınızdaki her şeyin nasıl işlediğini değiştirmeye başlayan dinamik bir enerji yaratırsınız. Ama, bilin ki sizler harika ve ihtişamlı bir yaratıcısınız ve geçmişte yarattığınız her şey tam olarak öyle olduğunu söylediğiniz şeydir ve gelecekte yaratacağınız şey tam olarak yaptığınız seçimlerle yarattığınız şey olacaktır. Pekala, sonraki soru.

13. BÖLÜM

Parayla ilişkide, hayatınızda para bolluğuna sahip olmak için, şu andaki finansal durumunuza hangi üç şey çözüm olurdu?

Rasputin: Pekala, iki tane daha sorumuz var, Evet?
Öğrenci: Tek bir soru var.
R: Tek bir soru daha. Son soru nedir?
Ö: Parayla ilişkide, hayatınızda para bolluğuna sahip olmak için, şu andaki finansal durumunuza hangi üç şey çözüm olurdu?
R: Güzel. Bunun için kim gönüllü olmak ister?
Ö: Ben.
R: Pekala.
Ö: Sevdiğim şeyi yapmak ve en iyisini yapmak.
R: Sevdiğim şeyi yapmak ve en iyisini yapmak?
Ö: Evet.
R: Öyleyse, sevdiğin şeyi yapamadığını ve en iyisini yapamadığını düşünmene neden olan şey nedir? Ve buradaki temel varsayım nedir?
Ö: Oraya ulaşmak için paradan yoksun olduğum.
R: Peki, neyi yapmayı seversin?
Ö: Bahçe ile uğraşmak ve şifacılık yapmayı seviyorum.
R: Bahçe ile uğraşmak ve şifacılık mı? Ve bu şeyleri yapıyor musun?
Ö: Bazen.
R: Öyleyse arzu ettiğin şeyi almadığını düşündüren nedir?
Ö: Hımmm.
R: Çünkü nefret ettiğin bir şey yaparak günde sekiz saatini harcıyorsun.
Ö: Tam olarak.
R: Bu realiteyi kim yarattı?
Ö: Ama, ...
R: Bu şehirdekilerin bahçecilik yapanlara ihtiyaçları yok mu? Bahçecilik yapmayı seviyorsan, neden bir bahçıvan olmadın?
Ö: Çünkü ben yapma sürecindeyim, bunun gerçekleşmesi sürecinde, ama ben .....
R: Öyleyse üzerinden işlediğin altta yatan temel varsayım nedir? Zaman.

Ö: Zaman, evet.
R: Evet, zaman.
Ö: Yaratacak zaman olmadı.
R:Evet. Yaratacak zaman olmadı. Başlangıçta neden bahsetmiştik? Yaratıcılık, vizyon yaratmak. Güç, Ben gücüm olmak, arzuladığın şeye enerji veriyorsun, ona sahip olacağının bilişinin farkındalığı. Arzuladığın şeye sahip olacağın bilişini sürekli olarak yok ettiğin yer neresi? İşe gittiğin ve "Hala ona sahip olmadım" dediğinde, bunu her gün yapıyorsun.
Ö: Bu doğru.
R:Bakış açınla ne yaratıyorsun? Hala ona sahip olmamak ve yarın da ona sahip olmayacaksın, çünkü hala ona sahip olmadığın bakış açın var. Ve kontrol konusunu aldın ve oraya ulaşmak için yolculuk yapmak için gerekli olan belirli bir yol olması gerektiğine karar verdin. Eğer seni oraya götüren yol, o yola girmek için işten atılmak zorunda olduğun ise, bilmezsin, öyle değil mi? Ama, eğer bunu yapabilmenin tek yolunun nefret ettiğin bu işi sürdürmek olduğuna karar verirsen, çünkü bu sana gitmek istediğin yere gitme özgürlüğü veriyor, bir kroki/tarif ve bir yol yaratırsın, oraya varman gereken bir yol, bu bolluk içinde olan evrenin sana yolunu sağlamasına izin vermez.

Şimdi, yazıp onu her gün görebileceğiniz bir yere koyacağınız bir diğer küçük bildirim vereceğiz. İşte: **Bolluk içindeki evrenin, tamamı büyümemi, farkındalığımı ve hayatımın neşeli ifadesini kuşatmak ve desteklemek için tasarlanmış çoklu fırsatları sağlamasına izin veriyorum.** Bu amacınızdır, gittiğiniz yer burasıdır.
R: Pekala. S, sonraki yanıtın nedir?
Ö: Kendimi yakalamak ve özgür olmak için borçsuz ol.
R: Borçsuz ol. Burada yatan temel varsayım nedir? Asla borçsuz olmayacağım ve ben borç içindeyim. Öyleyse kendine her gün ne söylüyorsun? "Ben borç içindeyim, Ben borç içindeyim, Ben borç içindeyim, Ben borç içindeyim, Ben borç içindeyim, Ben borç içindeyim, Ben borç içindeyim". Kaçınız borç içindesiniz?
Ö: Muhtemelen hepimiz.
R: Ve kaçınız bunu büyük bolluk ve gayret ile söylüyorsunuz? (Kahkaha).
Ö: Ben değil.
Ö: Gayret. (Kahkaha).
R: İyi, öyleyse oradan yaratmayın. "Ben parayım"dan yaratın. Borç dediğiniz şey hakkında kaygılanmayın, onu zamanla azar azar ödeyin. Onu hemen ödemek istiyorsunuz; elinize geçen her şeyin %10'unu alın ve borçlarınıza yatırın. Ve

bunlara artık hiç borç demeyin. *Borçların* seslerini dinleyin. Sesler gerçekten iyi, ha? Buna geçmiş harcamalar deyin. (Kahkaha).

Ö: Öyle yapacağım!

Ö: Bu harika, bu gerçekten harika.

R: Söylemesi zor, "Ben geçmiş harcamalarım", öyle değil mi? (Kahkaha). Söylemesi zor, "Ben geçmişteki harcamalarım." Ama "Geçmiş harcamaları kolayca ödeyenim". Borçtan nasıl kurtulacağınızı görüyor musunuz? Ayrıca orada özgürlük unsurunu görmezden gelmemeliyiz. Altta yatan bakış açısı özgürlüğünüzün olmamasıdır, bu güce sahip olmamanız anlamına gelir, seçiminiz olmadığı anlamına gelir. Bu gerçekten doğru mu?

Ö: Hayır.

R: Hayır. Deneyiminizi seçtiniz, hayattaki her deneyim, yaşamınızın her deneyimi ne hakkında idi? İçinizde daha da büyük farkındalık yaratmak. Geçmişte seçtiğiniz hiç bir şey sizi realiteye ve kendinizin gerçeğine uyandırmaktan başka bir amaca yönelik değildi, yoksa sizler bu gece burada olmazdınız. Doğru mu?

Ö: Bunu tekrarlayabilir misin?

R: Geçmişte seçtiğiniz hiç bir şey sizi realiteye ve kendinizin gerçeğine uyandırmaktan başka bir amaca yönelik değildi, yoksa sizler bu gece burada olmazdınız. Buna ne dersiniz, bunu kelime kelime söyledik (Kahkaha). Pekala. Öyleyse, sonraki bakış açın?

Ö: Daha basit bir hayat yaşamak.

R: Bu nasıl bir boktan birşey. (Kahkaha).

Ö: Biliyorum. Bunu yazarken bile biliyordum.

R: Hiç biriniz daha basit bir hayat arzu etmiyorsunuz, daha basit hayat çok kolay - ölürsün! O zaman basit bir hayatın olur. (Kahkaha). Ölüm basittir; hayat, hayat deneyim bolluğudur. Hayat her şeyin bolluğudur, hayat neşenin bolluğudur, kolaylığın bolluğudur, ihtişamın bolluğudur, o realitedir ve gerçeğinizdir. Sizler sınırsız enerjisiniz, bu dünyanın yapıldığı her şeyin toplamındasınız ve para olmayı, farkındalık olmayı, kontrol olmayı, güç olmayı, yaratıcılık olmayı seçtiğiniz her zaman, bu fiziksel planı insanların gerçekten mutlak farkındalıkla, mutlak neşeyle ve mutlak bollukla yaşayabildikleri bir yere değiştirirsiniz. Sadece siz değil, burdaki tüm diğer varlıklar yaptığınız seçimlerden etkilenir. Çünkü siz onlarsınız ve onlar da siz. Ve sizler kendi düşüncelerinizi aydınlattığınız zaman, ve düşüncelerinizi başkalarına aktarmadığınız ve onlara bulaştırmadığınız zaman, daha hafif bir gezegen, daha uyanmış ve farkında bir uygarlık yaratırsınız. Ve arzuladığınız şey budur, dilediğiniz şey budur, bu huzur ve neşenin meyve verdiği yerdir. Sizler bunun yaratıcılarısınız, bunun bilişinde olun, bunun neşesinde olun ve bunu devam ettirin.

Şimdi, bir kez daha tekrarlıyoruz, araçlarınız, para ile ilgili düşüncelerin enerjisinin size geldiğini hissettiğiniz zaman ve bunların içinize doğru girmeye zorladıklarını hissettiğiniz zaman, bunları tersine çevirin ve bir kez daha siz olan yeri hissedebilinceye kadar bunların kendinizden dışarı çıkarın. Ve sonra bunların siz olmadıklarını ve bu realiteyi yaratmış olduğunuzu bilirsiniz. Sahip olacağınız şeyin vizyonunu güce bağlanarak, ona enerji vererek yarattığınızı hatırlayın. Ve onu düşündüğünüz için onun zaten varoluşta olan bir realite olduğunun farkında olarak. Bunun oraya nasıl gittiğini kontrol etmek zorunda değilsiniz, siz kontrolsünüz ve bu nedenle bolluk içindeki evren sizin için onu sağlayabildiği kadar hızlı bir şekilde gerçekleşir. Ve o gerçekleşecektir, yargılamayın. Tezahür ettirdiğiniz her şey için şükran duyun, bir dolar aldığınız zaman minnettar olun, beş yüz dolar elde ettiğiniz zaman şükran duyun, beş bin dolar elde ettiğiniz zaman şükran duyun, minnettar olun ve borçlarınıza geçmiş harcamalar adını verin, borç değil. Hayatta hiç bir şeye borçlu değilsiniz, çünkü geçmiş yok, gelecek yok, sadece hayatınızı yarattığınız bu on saniyeler var. Mantranızı önünüze koyun: " Hayatın tamamı bana kolaylık, neşe ve ihtişamla gelir." Sabahları on kez, akşamları on kez "Ben gücüm, ben farkındalığım, ben kontrolüm, ben yaratıcılığım, ben parayım" deyin. Şunu görebileceğiniz bir yere asın ve başkalarıyla paylaşın, "Bolluk içindeki evrenin, hepsi büyümemi, farkındalığımı ve hayatımın neşeli ifadesini kuşatmak ve desteklemek için tasarlanmış çoklu fırsatları sağlamasına izin veriyorum." Ve o olun, çünkü o sizin gerçeğinizdir. Ve bu akşamlık bu kadar. Hayatın her alanında para olun. Sizden sevgiyle ayrılıyoruz. İyi geceler.

ACCESS CONSCIOUSNESS®

Hayatın Tümü Bize Kolaylık, Neşe ve İhtişamla Gelir!™

www.accessconsciousness.com